Ado à fleur de peau

Xavier Pommereau

Ado
à fleur de peau

Ce que révèle son apparence

avec la collaboration de Mireille Fronty

Albin Michel

Ouvrage publié sous la direction de
Mahaut-Mathilde Nobécourt

À Françoise.

Sommaire

Avant-propos

Ce n'est plus sur le terrain des idéologies que les adultes et les ados s'affrontent aujourd'hui. C'est autour de la question des limites. Le mot est lâché. Ce mot que l'on a tant de mal à cerner mais dont le latin *limes*, *limitis* rappelle qu'avant d'être une ligne de démarcation, une bordure, il est d'abord un entre-deux : « Une bande de territoire située entre deux territoires définis. » Un espace de confrontation, donc, où les protagonistes doivent négocier, trouver des compromis pour fixer une frontière mutuellement reconnue. Or nous vivons dans une société où l'on croit pouvoir se passer de douloureuses et coûteuses polémiques, comme si tout était parfaitement défini d'avance. Nous sommes les parents d'un ado, nous l'aimons et lui voulons du bien. D'ailleurs, il n'a pas à se plaindre, car non seulement nous lui donnons tout ce qui est bon pour lui, mais en plus il obtient presque tout ce qu'il veut. Sachant que nous connaissons mieux que lui les écueils à éviter, il n'a qu'à suivre nos conseils et sa route est toute tracée ! Qu'a-t-on besoin de discuter ? Justement. L'ado refuse d'être le clone de ses parents et il ne trouve pas sa place dans une telle « programmation ». Lui ne veut pas leur ressembler et encore moins supporter leurs effets de « trop près » qui l'irritent et lui donnent des allergies. Proches, ils le sont trop. L'ado cherche ses marques, fait des écarts pour établir une distance. « Lâchez-moi ! » dit-il, tout en s'employant à revisiter ces fameux entre-deux qui définissent les limites, dans tous les secteurs où la polémique peut faire rage : l'apparence de soi, les étiquettes du look et les insignes cutanés, les consommations et les prises de risque. Jusqu'à s'attaquer la peau, lorsque le flou identitaire force à la rupture, pour à la fois évacuer sa souffrance et interpeller autrui, en quête de reconnaissance.

Trop exigeant, l'ado ? Certes, « avoir tout, tout de suite » est un credo qui ne lui est pas étranger, société de consommation oblige. Mais ne nous y trompons pas : derrière l'intolérance aux frustrations se cache une espérance secrète, une attente d'échanges et donc de compromis à propos de ses exigences. La définition d'un entre-deux, là encore. Des simples écarts aux dangereuses ruptures de l'ado, c'est à la visite guidée de ces nécessaires espaces de confrontation que nous invitons nos lecteurs. Puissent-ils y trouver non des recettes miracles mais des ingrédients utiles pour améliorer la délicate « cuisine relationnelle » familiale, lorsqu'il s'agit de savoir ce que l'on peut ou non accepter en matière de look, de consommation de toxiques, de piercing ou de tatouage, et à partir de quoi il faut au contraire s'inquiéter.

Introduction

L'ado est à fleur de peau et ses parents seraient tentés de dire qu'ils en ont plein le dos. À fleur de peau. L'expression est jolie. Elle exhale la jeunesse, la finesse, la délicatesse, la sensibilité. Et la fleur d'une peau, c'est mieux que la croûte ! Mais en l'occurrence, elle s'applique à l'ado épidermique et ce n'est pas facile d'en être les parents, toujours traités plus ou moins directement d'éponges double face. Une face qui absorbe et colle, l'autre qui gratte et irrite... Un regard un peu trop appuyé ? L'ado y voit un excès d'intérêt et croit y deviner du jugement, du mépris ou de la pitié. Sa mère le conseille pour le choix de sa tenue ? Sa réaction fuse comme un missile : « N'importe quoi, tu n'y connais rien ! » Le rappel matinal pourtant plein de bonnes intentions, du genre « Tu sais que ton bus part dans un quart d'heure », et voilà la phrase malheureuse qu'il ne fallait surtout pas lâcher ce matin-là où il restait bloqué dans la salle de bain, occupé à réduire en bouillie un infâme point noir avant d'aller au collège. Passons sur les extravagances de son look qui lui donnent cet air négligé ou provocant, comme s'il était sans famille et prêt à demander l'aumône. Il n'est pas différent de ses semblables : ils sont tous pareils ! Alors, dans ces conditions, lui faire des remarques, c'est encore s'exposer à des réactions nucléaires, d'autant que les parents – informés comme jamais des coutumes propres à cet âge – savent qu'un ado isolé de ses pairs est un ado en danger. L'époque le veut ainsi : entre eux, c'est un peu « Marche avec ton look ou crève dans ton coin ». Mais lorsqu'il rentre de ses premières fêtes avec les yeux rouges, empestant le tabac et l'alcool, on a déjà beaucoup moins envie de relativiser. Le summum est atteint lorsque l'ado annonce : « Demain, je me fais poser un piercing ! » Et pourquoi pas un tatouage, tant qu'il y est ? Justement, il y pensait ! Parler de tout cela avec lui, voilà encore un vrai challenge, sachant qu'il se saisira du moindre prétexte pour assener : « De toute façon, vous ne pouvez pas me comprendre ! »

Un rien le touche et lui est insupportable. Enfin, dès lors que ce « rien » LE concerne au premier chef, devrions-nous préciser, c'est-à-dire l'affecte dans ce qu'il a sur et dans la peau : son apparence, ses goûts, ses fréquentations, ses plaisirs et ses loisirs. Les injonctions scolaires et les contraintes, également ? Non, celles-là, elles lui prennent plutôt la tête et il s'emploie à les évacuer. Mais pourquoi une telle allergie à tout ce qui vient des parents ? C'est évidemment une question centrale qui en appelle d'autres. L'a-t-on trop choyé quand il était petit et, du coup, rendu tellement égoïste et exigeant qu'il s'est peu à peu transformé en tyran domestique ? Ou bien l'a-t-on trop enveloppé d'attentions, de sollicitations, tout autant que de douceurs ouatées, pour qu'il devienne à ce point hypersensible ? À l'heure où la puberté le force à changer de peau, se sent-il fragile et vulnérable, en quelque sorte trop tendre et dans l'obligation de s'endurcir ? Trop seul et démuni, aussi, dans le corps à corps établi avec les parents, affrontement que ne modère plus assez le corps social des adultes ? Est-ce pour cela qu'il a tant besoin d'une seconde peau protectrice en forme de look pour faire corps avec ses pairs ? Et dans quelle mesure n'est-il pas l'otage du culte de l'image ? A-t-il plus de mal qu'autrefois à trouver ses marques et à prendre ses distances, pour tourner la page de l'enfance et se dégager de la dépendance aux parents ? Sa volonté de découvertes doit-elle nécessairement passer par la prise de toxiques ou aller jusqu'au marquage corporel ? Mais quand faut-il y voir le risque d'une rupture ?

Toutes ces questions méritent d'être posées et nous verrons que les réponses ne sont pas simples. Quoi qu'ils disent, quoi qu'ils fassent, les parents ont l'impression que ça n'ira jamais. Ils semblent destinés à être *has been* à demeure, voire banalement nuls. Les plus avertis s'efforcent de rester zen, au moins en apparence, ce qui n'est pas forcément la meilleure attitude à adopter. Les parents trop cool irritent l'ado autant que les autres et peuvent conduire ce dernier à exagérer l'écart. Souvenons-nous que tout parent d'ado est un Janus qui s'ignore : une face collante, une face grattante ! Et ceux qui s'emportent en toute occasion n'obtiennent pas de meilleurs résultats. Ils peuvent même avoir droit en prime à un petit sourire de l'ado, assez satisfait des effets produits. Bref, ce n'est pas facile de trouver la bonne distance. Encore moins d'apprécier dans le flou si les réactions de l'ado font ou non partie du « programme éruptif normal » de la puberté, comme l'étaient, dans l'enfance du petit, les manifestations de la rougeole ou de la varicelle. Repoussés par l'ado, traités comme des pestiférés, voilà les parents envahis par le doute. Un doute qui dépasse largement celui de savoir si oui ou non l'éducation qu'ils ont cru transmettre se révèle un fiasco. En miroir de l'ado qui « fait sa crise », c'est-à-dire qui se cherche et tente d'affirmer son identité, les parents sont renvoyés à leur propre crise, celle du milieu de la vie. Les premiers signes tangibles de vieillissement, les vicissitudes de la vie conjugale, les inquiétudes face à l'avenir professionnel en sont les principaux ferments. Et cela dans une société de l'image où les parents doivent rester jeunes, alertes, sveltes le plus longtemps possible. Or l'ado les écarte, se démarque, les conteste et même enfonce le clou : « Vous êtes des vieux ! » Toutes ces attaques font mal et les supporter sans broncher est évidemment impossible. Alors, à fleur de peau, les parents eux aussi ? C'est le risque. À cran, ça, c'est sûr. D'autant plus qu'ils sont bien seuls aujourd'hui pour établir des limites tenables – entendons acceptées par l'ado comme de véritables repères. Des limites dont les contours de certaines peuvent être discutés, mais d'autres pas, lorsque sont engagées la loi sociale et la responsabilité parentale. Et des limites que la vie moderne rend peu lisibles, sur fond d'autorité qui se discute et d'identité qui se floute.

Plutôt que d'en faire le simple constat, comme on le ferait pour un accident, nous devons réfléchir sur les tenants et les aboutissants de ces crises. Pour mieux comprendre ce qui se passe et à quel niveau ça se passe, afin que chacun – ado comme adulte – puisse y trouver matière à se situer dans le respect et la confiance.

1

Changer de peau

Mue ou métamorphose ?

C'est fou ce qu'ils changent ! Leur corps d'ado pousse dans tous les sens, au propre et au figuré, en dehors d'eux comme intérieurement. Des poussées de croissance qui finissent par les déloger d'eux-mêmes pour en faire un temps, on serait presque tenté de dire, des « SCF » – sans corps fixe. Les voilà soudain démunis, otages de leur expansion avec ces bras trop longs, ces pieds trop grands, avec ce duvet naissant qui ourle leurs lèvres ou avec cette poitrine qui se dessine et ces cuisses qui s'arrondissent... Eux-mêmes semblent se demander avec inquiétude : « Où tout cela va-t-il s'arrêter ? » Ils se cherchent, ont besoin de s'affirmer et de reprendre possession d'eux-mêmes. Une difficile réappropriation que la puberté complique, certes, mais qui tient aussi de la dépendance aux parents. Vis-à-vis de ces derniers, ils doivent prendre leurs distances, parce qu'ils les trouvent trop présents, « trop sur eux » comme ils disent. Leur mot d'ordre devient : « Lâchez-moi les baskets ! » Et lorsqu'ils se dévisagent longuement dans le miroir de la salle de bain en se demandant à quoi – et non à qui – ils ressemblent, ce n'est évidemment pas pour savoir de quel parent ils tiennent le plus. Ils s'examinent attentivement pour reprendre possession d'eux-mêmes et pour tenter de percevoir ce dont les autres vont se saisir en les regardant. Les ados ont en effet bien compris que la main n'est pas la seule à pouvoir prendre, donner et échanger. Le regard appuyé en est lui aussi capable ! Et ce qui saute aux yeux, d'emblée, lorsqu'on dévisage quelqu'un, c'est l'état de sa peau. Cette frontière naturelle de soi sur laquelle on devrait pouvoir compter devient, en elle-même, à l'adolescence, un problème ! Alors qu'elle devrait se contenter de jouer son rôle d'enveloppe et donner des limites à tout ce chambardement, elle se met – elle aussi – dans tous ses états. Elle s'épaissit, se boursoufle et devient le terreau d'une floraison dont tous les ados se passeraient : les boutons d'acné ! Se sentant trahis de toutes parts, bouleversés, ils s'emploient donc à reprendre le contrôle, à maîtriser par tous les moyens leur apparence. Cette fameuse apparence qui sert d'identité. À charge, pour les parents, d'avoir conscience de ces enjeux et de pouvoir les « supporter ».

LES INVARIANTS : LES TRANSFORMATIONS DU CORPS

Bien sûr, tous les parents savent en gros ce qui se passe au moment de la puberté. Les transformations corporelles, la poussée hormonale, ils connaissent, même si bizarrement on a plutôt tendance à oublier avec le temps nos expériences personnelles. Quels souvenirs gardons-nous de notre propre puberté ? Si nous sommes préparés dans l'absolu à ce passage obligé, la soudaineté et la violence de cette mutation nous surprennent dès qu'il s'agit de notre enfant. Cet enfant que l'on a pris plaisir à voir grandir et à reconnaître comme sien est en peu de temps détrôné par un étranger grognon et désagréable.

La métamorphose

L'adolescence est une période de la vie qui s'étire démesurément dans nos sociétés modernes, parce que le temps de l'enfance se réduit et l'accès à l'âge adulte advient de plus en plus tard. Elle ne coïncide donc plus seulement avec la puberté qui en marque le début officiel et qui caractérise la « poussée de croissance » du corps jusqu'à le rendre apte à procréer, enjeu que le latin *pubes* livre sans équivoque en désignant le poil. Si le mot « adolescence » vient, lui, du verbe *adolescere*, « croître, grandir », comme on le dirait d'une plante, les poussées observées à cet âge de la vie sont loin de se résumer à celles des poils et des glandes. Ce n'est pas seulement le corps de l'ado qui change, s'agite et se sexualise ; c'est aussi sa vie psychique et ses relations aux autres. Tout grandit et bouge, ce que restitue parfaitement le verbe « évoluer ».

La puberté survient plus tôt qu'auparavant, vers 12-13 ans chez la fille, un à deux ans plus tard chez le garçon. Mais ce qui ne change pas, c'est qu'elle reste, chez l'un comme chez l'autre, spectaculaire, proprement sidérante. L'ado peut en effet prendre plusieurs centimètres ou kilos en un temps record. Le mot qui convient le mieux pour parler de ce temps fort, c'est le mot « métamorphose ». Les transformations de son corps sont telles qu'il semble ne plus être le même et que l'on peut avoir du mal à reconnaître, dans cette nouvelle apparence, l'enfant qu'il était.

Cette quasi-mutation d'une forme en une autre est vécue par l'ado lui-même comme très étrange. Il a parfois l'impression de se transformer en loup-garou ou toute autre créature inquiétante ! C'est sans doute la raison pour laquelle il aime partager avec ses pairs des fictions de transformations, une manière de s'amuser ensemble de ces expériences pour conjurer les angoisses. Et ce phénomène de métamorphose, qui ne se limite pas au corps, atteint aussi son sentiment d'identité. Son esprit va là où son corps l'entraîne. L'ado tente alors d'incarner celui qu'il devient en changeant d'apparence. Il est ce corps en mutation, et ses idées accompagnent, bon gré mal gré, le mouvement. Ainsi, les transformations corporelles entraînent celles de la tête – une véritable tempête sous le crâne. Car c'est pour lui la grande question : qui est-il dans ce nouveau corps ? Va-t-il enfin se reconnaître ? C'est sans doute la première fois qu'il se pose autant de questions sur son identité. Lui qui ne connaissait pas le doute dans le miroir rassurant où il s'était jusqu'à maintenant construit et reconnu : le regard de ses parents. Or, justement, le regard de ses parents semble tellement déconcerté que cela en devient inquiétant. Il ne s'y reconnaît plus non plus ! Sa question identitaire reste sans réponse et il entrevoit que c'est lui qui devra trouver *sa* réponse. L'ado va devoir habiter ce nouveau corps presque inconnu, étrange et étranger à la fois, se mettre en accord avec lui et s'accorder avec cette nouvelle personne qu'il devient. Pour lui, c'est comme une nouvelle naissance, presque une réincarnation. Et pour ses parents, c'est également une épreuve redoutable : ce qu'ils tenaient pour acquis est en train de se dérober sous leurs yeux. L'enfant qu'ils connaissaient par cœur jusqu'à deviner ses besoins s'efface pour laisser place à un « étranger », certes encore familier mais avec qui on ne sait comment se comporter.

Ce nouveau corps est difficile à habiter. Et au début l'ado sera tenté, pour mieux le connaître et pour mieux s'en rendre maître, d'en éprouver les limites. Il a besoin de s'approprier ce corps étranger pour devenir à nouveau lui-même, faire un, son corps et lui. Mais, pour l'heure, c'est une étrange dualité. Les tiraillements sont aussi nombreux que les emballements... et les replis frileux. La métamorphose est si spectaculaire qu'on peut penser, à le voir évoluer ainsi, à la chenille et au papillon. Imaginez que la chenille se sente devenir papillon ! Si elle avait conscience de cette incroyable transformation, même si son rêve a toujours été de voler, n'aurait-elle pas un moment d'angoisse et de panique ? Ne se sentirait-elle pas soudain incapable de voler de ses propres ailes ? Dans cette période difficile, l'ado a vraiment besoin du regard de ses parents, un regard rassurant pour pouvoir être lui-même rassuré. Inutile de dire que toute réflexion moqueuse sur son évolution physique est à proscrire. En revanche, toute remarque positive et sincère sur le plaisir que nous avons à le voir grandir l'aidera à se sentir mieux dans cette transformation.

Faire peau neuve

La puberté est bien plus qu'une sorte de mue. D'ailleurs, ce mot n'est employé que pour parler des modifications du timbre de voix du garçon qui se cherche, s'éraille, déraille avant de se fixer dans les graves. Une mue comme celle du serpent qui abandonne son ancienne peau pour une nouvelle ou comme celle de l'oiseau qui renouvelle ses plumes, ce serait plus simple ! Chez l'ado, « faire peau neuve », c'est tout un programme ! L'expression est belle, mais la réalité moins réjouissante. Et, comme nous le verrons plus loin, si le dermatologue puis le perceur et le tatoueur sont si souvent appelés à la rescousse, c'est que la nouvelle peau ne se suffit pas à elle-même. Au figuré aussi, l'expression est sujette à caution. Devenir ado, ce n'est pas faire table rase du passé en se débarrassant (dépouillant ?) de sa vie d'enfant. C'est quitter le monde des petits, en tournant la page de l'enfance, non en la déchirant. La rupture n'est qu'apparente. Même les glandes se préparent depuis longtemps à la métamorphose pubertaire ! C'est un changement déterminant, une transformation profonde qui ouvre de nouvelles voies, mais l'ado reste en continuité avec lui-même, malgré les apparences.

Ce changement d'état fragilise l'ado. Il ne voit pas ce qu'il conserve de son enfance et ne sait pas trop quoi faire de ses nouvelles potentialités. Le passé, il a plutôt envie de lui tourner le dos, mais l'avenir l'inquiète maintenant qu'il est obligé de se déterminer. Il a donc surtout l'impression de subir cette métamorphose et d'être trahi par ce corps qui, jusqu'à présent, ne lui posait pas vraiment de problème. Son corps et son esprit ont tant de mal à s'accorder. Ils se livrent même souvent un combat singulier. Et l'ado sent monter en lui des choses troublantes qui le déstabilisent et qu'il a peur de laisser paraître à l'extérieur. En fait de « peau neuve », la sienne remplit de plus en plus mal sa mission qui devrait être de le protéger du monde extérieur et de contenir le monde intérieur. Elle n'est plus aussi fiable et semble soudain peu protectrice (voir encadré). Elle laisse passer les affects, les rougeurs, les pâleurs, les moiteurs, tout ce qui bouillonne à l'intérieur. Elle attire le regard de l'autre quand on voudrait garder son trouble pour soi. C'est un écran presque aussi transparent que ceux qu'il connaît si bien dans le monde des images. Un écran dont l'ado voudrait pouvoir contrôler les effets, zapper ce qui le dérange, flouter ce qu'il souhaiterait rendre anonyme, mettre sur pause ce qui va trop vite.

Comment en sortir ? Il nous faut d'abord admettre que pour se protéger de la fragilité de sa « nouvelle peau », l'adolescent a besoin de se fabriquer d'autres protections, d'endosser d'autres peaux. D'autres peaux qui pallieront les faiblesses de la première, qui la protégeront... C'est un hypersensible, tout le touche et risque de l'irriter. Mais plus l'ado a besoin de peaux, plus il faut s'interroger : son insécurité intérieure est-elle à ce point importante qu'il a besoin d'en rajouter dans les protections, dans les cuirasses ? D'autre part, il est important de ne pas laisser l'ado penser qu'il est transparent. Même si les parents ont souvent l'impression de comprendre leur enfant à demi-mot, ils doivent lui laisser son jardin secret. De la même manière que toutes les vérités ne sont pas bonnes à dire, la transparence est l'ennemi du bien à l'âge où l'on cherche à se définir. La transparence réduit tout écart, menace de confusion. L'adolescence suppose des heurts plutôt que du consensus, et des choses cachées plutôt que dévoilées. N'oublions pas qu'avec la puberté, la sexualité imprègne

La peau

Cette enveloppe vivante revêt entièrement le corps des vertébrés et lui donne son unité. Elle contribue aussi à lui donner forme et consistance, et maintient ensemble le squelette et la musculature. Sans peau, pas de survie possible. D'où l'urgence des greffes chez les grands brûlés !

La peau se compose de deux parties : le derme (profond) et l'épiderme (superficiel). Détail incroyable : au cours du développement de l'embryon, c'est l'ectoderme qui donne naissance à la fois à la peau et au cortex cérébral, faisant de la peau une sorte de « surface du cerveau ». La structure de la peau est d'ailleurs complexe : elle est un organe des sens (toucher) qui contient les autres organes des sens.

La peau protège le corps, comme la barrière de corail l'atoll du Pacifique. Mais c'est aussi un filtre et un extraordinaire moyen de transmission entre le dehors et le dedans. Pour assurer cela, elle renferme divers récepteurs sensibles au toucher, à la pression, à l'étirement, au chaud et au froid. Autre détail étonnant : chez un même sujet, n'importe quelle partie de la peau peut en toucher une autre, ce qui donne deux sensations distinctes et concordantes. La peau peut ainsi se toucher elle-même ! C'est une interface qui assure le contact de l'individu avec le monde extérieur. Elle éprouve et reçoit les chocs, les brûlures et les caresses... qu'elle transmet fidèlement au cerveau pour faire ressentir plaisir ou douleur, parfois un peu des deux. En retour, les émotions lui font de l'effet, provoquant pâleur, rougeur ou sueur. Certaines régions de la peau (muqueuses, organes érectiles, chevelure et pubis, invaginations) sont plus particulièrement excitables sexuellement à partir du simple toucher peau à peau.

Élastique et lavable, l'enveloppe cutanée est douée d'une perméabilité très sélective qui peut la rendre étanche à certaines substances et non à d'autres qu'elle absorbe ou qu'elle rejette (comme la sueur). C'est à travers le mécanisme de la sudation que la peau participe à la régulation thermique de l'ensemble du corps. Elle dispose de glandes pour cela. Elle en possède d'autres – les fameuses glandes sébacées qui tracassent tant l'ado – et a pour « annexes » les poils, les cheveux et les ongles. La peau possède aussi un grain, une pigmentation et une odeur. Mais bien plus que la seule couleur qui a été (et est malheureusement encore) le prétexte au racisme et à la persécution, la peau humaine présente des différences individuelles considérables, permettant à chacun de s'affirmer comme un individu ayant une peau personnelle. Des tests ont montré qu'un nouveau-né est capable de reconnaître sa mère... à la peau ! Et l'on ne sait pas tout en matière d'échanges d'informations *via* le revêtement cutané. Peut-être que certaines de nos amitiés et inimitiés sont aussi une affaire de compatibilité de peau...

Si la peau vieillit, elle est enfin un lieu de réparation (cicatrisation) et de mémoire (cicatrices). En somme, une feuille de route identitaire, un véritable passeport, qui marque des étapes et s'en souvient. On comprend mieux pourquoi, avant l'invention du papyrus et du papier, elle a autant servi aux premiers hommes pour dire leur appartenance et leurs croyances, à travers marques, décorations et scarifications.

toutes les relations. Même s'il est tentant de chercher à deviner ce qui se passe en lui, mieux respecter son intimité est une obligation. Il est devenu un étranger que l'on veut reconnaître ? Il se sent lui-même étrange et étranger ! Le reconnaître, ce devrait être plutôt lui laisser la parole, lui accorder une véritable place, ne pas le maintenir dans cet « entre-deux » qui lui coûte déjà tant. Évitons de guetter le moindre de ses troubles, la moindre de ses rougeurs, de nous immiscer dans ses états d'âme, de deviner ses pensées. Soyons présents à ses côtés, ni trop près ni trop loin, mais à la bonne distance de ce « hérisson ambulant ». Il doit sentir l'intérêt que nous lui portons, mais un intérêt respectueux de lui, des distances qu'il a besoin de prendre. Le comprendre ne revient pas à tout connaître de lui. Nous devons l'accepter comme il est, non comme nous voudrions qu'il soit. Notre soutien, c'est aussi de pouvoir le supporter en le tolérant, lui qui a besoin, curieusement, de se sentir incompris. Le comprendre, ce n'est pas le cerner, c'est pouvoir imaginer quelques-uns de ses manques et de ses désirs. Attention : dans « comprendre », il y a « prendre », donc de la possession dans l'air ! N'essayons pas de formuler avant lui ce qu'il ressent. Il serait mis en danger par ce qu'il vivrait comme des intrusions répétées, des viols de son intimité. Ses pensées lui appartiennent. Laissons-lui la possibilité de venir à nous lorsqu'il a envie de parler, mais évitons de devancer tous ses désirs même si nous le faisions lorsqu'il était petit. Ce dont il a besoin avant tout, c'est de se sentir apprécié pour la personne qu'il est ou qu'il est en train de devenir. Il a besoin d'un regard positif et bienveillant pour retrouver sa confiance en lui. Ce qui le déstabilise, ce sont les commentaires négatifs sur son physique, son air avachi, son manque d'enthousiasme ou sa tenue négligée.

C'EST NOUVEAU : DE PLUS EN PLUS TÔT !

Tout parent se prépare à ce qui paraît être un passage difficile mais incontournable. Hier, on parlait d'âge bête ou d'âge ingrat, cela simplifiait les choses, et le rôle des parents n'était pas remis en question. Aujourd'hui, alors que les parents sont bien plus prévenus et beaucoup plus prévenants, la crise annoncée les prend pourtant par surprise. Ce qui les étonne et les déstabilise, c'est sa précocité ; ce qui les inquiète, c'est sa durée. Comme si le phénomène « crise d'ado » prenait une ampleur démesurée alors que nous n'avons jamais été aussi proches d'eux et prêts à tout, affirmons-nous, pour mettre de l'huile dans les rouages. C'est à n'y rien comprendre : contre toute attente, c'est de l'huile sur le feu que l'on produit, et chacun se sent désemparé.

Un si joli cocon

Il n'y a pas de métamorphose sans cocon. Et si l'on admet cette image suggestive de la chenille qui doit devenir papillon, il faut commencer par le commencement sans brûler les étapes ni oublier le passage de la chrysalide et du cocon. Le mot à retenir est bien celui-ci : cocon. Dans cette société où l'on apporte une attention très soutenue à l'enfant, Sa Majesté le bébé n'est plus traitée de « larve » depuis longtemps. « C'est une personne ! » sommes-nous tous prêts à clamer... Mais une personne si chère qu'on la place dans un écrin appelé « couffin » et que l'on tisse autour une sorte de cocon protecteur à base d'attentions et de prévenances, ainsi que d'enveloppes moelleuses et ouatées. C'est pour son bien, évidemment ! On veut le protéger de tous les dangers et, d'ailleurs, on y parvient : la mortalité infantile n'a jamais été aussi basse. Le cocon « assure », pourrait-on dire. Mais, tandis que tout semble aller pour le mieux, l'enfant trouve vite ce cocon oppressant et s'emploie à le tester, à le contester, voire à le détester bien avant la puberté. Tous les ados d'aujourd'hui s'y sont attelés dans leurs jeunes années avec, sinon ferveur, du moins opiniâtreté.

Faire de l'enfant le centre de nos préoccupations ne suffit pas à le reconnaître comme un sujet à part entière. On veut le protéger et le garder comme un trésor. Il est « de nous » et il est « à nous ». Alors on l'enveloppe d'affection, de marques d'attention et de sollicitations, mais aussi d'une cagoule et d'une doudoune pour qu'il n'attrape pas froid, pour qu'il soit protégé du monde extérieur censé être hostile, cruel, dangereux. Et on multiplie les « douceurs » à la mesure de la violence du monde, comme si cela allait épargner l'enfant.

Ce cocon protecteur est tout autour de lui, l'enveloppe de la tête aux pieds, envahit la maison : moquette dans la chambre, peluches, doudous... On considère l'enfant comme notre bien le plus précieux, et il n'est pas prévu – autant qu'on le prétend – qu'il puisse s'échapper avant longtemps de ce cocon doré. « Quand il sera grand ! » se dit-on en sachant que ce n'est pas demain la veille. Et, bizarrement, on ne se rend pas compte que ce cocon protecteur semble rendre l'enfant plus sensible, plus fragile dans les échanges, ce que confirment les rhinites, otites, pharyngites, bronchiolites à répétition entre 2 et 5 ans, ainsi que l'incroyable développement des allergies de contact, asthme compris. Sans mésestimer les questions de pollution, de climat et de virus, on peut interpréter ces problèmes comme autant de difficultés d'interface et donc de limite avec le monde environnant. Dès qu'il est question d'échanges avec l'autre, l'irritation, l'inflammation, l'éruption cutanée menacent, tandis que les orifices des organes sensoriels de la face ne cessent de couler et de se boucher. Tout se passe comme si l'excès d'enveloppement auquel nous soumettons les petits les sensibilisait sur leurs frontières. Ils n'ont jamais été aussi « réactifs » et vont décliner en grandissant l'allergie de contact sous bien d'autres formes.

Bien s'occuper d'un enfant ne revient pas à le surprotéger et à le « cocooner » comme s'il était en sucre et prêt à fondre à la moindre intempérie ! Et ce n'est pas en cherchant à l'isoler du monde extérieur que l'on va favoriser l'ouverture qu'il doit avoir sur ce monde. Ce n'est évidemment pas un hasard si on veut tant protéger et garder l'enfant. On appréhende l'avenir, on voudrait retarder son exposition à la violence du monde, mais surtout on craint de le perdre. Sachant que l'époque est à l'instabilité conjugale et sentimentale, la seule garantie d'amour, la valeur sûre que l'on détient, c'est le lien à l'enfant. On ne dira jamais : « Je suis son ex-père ou son ex-mère. » On est parent pour la vie. L'excès de protection de l'enfant trahit ainsi le sentiment d'insécurité qui nous envahit et le besoin que nous avons de nous en prémunir. On veut garder notre « bien le plus précieux » au chaud, à l'abri. Et sans le vouloir, on chosifie l'enfant, on veut le garder « pour nous », on veut qu'il grandisse sans risque mais aussi sans rompre avec ses parents. Cette surprotection finit par emprisonner l'enfant et lui complique la tâche pour fendre le cocon et devenir un papillon.

Après avoir eu tous ces problèmes ORL, l'enfant va s'employer à distendre le cocon dès l'âge de 7-8 ans. Il anticipe ainsi sa future puberté, marque déjà son envie (besoin ?) de prendre ses distances par rapport à sa famille, à ses parents. L'enfant supporte mal cette gangue protectrice. Il n'en a pas conscience, mais plus celle-ci l'enserre, l'entoure, l'emprisonne, plus il cherchera à prendre ses distances, tout en se dotant d'enveloppes de protection personnelles pour ne pas rester démuni, dénudé, exposé. C'est aux parents de veiller à ce que le cocon ne soit pas étanche et qu'il ne devienne pas une prison. Il faut permettre à l'enfant, dès le plus jeune âge, d'expérimenter le monde, de faire des choix, d'avoir des goûts personnels, de se sentir plus libre, moins étroitement surveillé.

La chambre, le cocon privé

Vivre sous le même toit, c'est partager un espace commun mais c'est aussi, pour chaque membre de la famille, posséder un territoire personnel, un espace propre. L'évolution de l'habitat a abouti à cette distribution territoriale.

L'enfant dispose, depuis sa naissance, d'une chambre bien à lui. Petit, il ne voit pas d'objection à ce que ses parents y entrent, lui rangent ses affaires, y fassent le ménage. Mais déjà le soir, s'il adore que l'on vienne lui dire bonsoir ou, mieux, lui raconter une histoire avant de dormir, il apprécie ce moment où ses parents s'en vont en refermant la porte derrière eux. C'est bon de savoir qu'ils ne sont pas loin, c'est bon aussi de constater que chacun a droit à son intimité. En grandissant, l'enfant investit de plus en plus sa chambre comme son cocon à lui. Et parce qu'il a besoin de frontières nettes, dès l'âge de 6-7 ans, il ne veut plus que l'on y circule comme dans un moulin. C'est ainsi qu'apparaît un jour sur sa porte un panneau sens interdit. Traduction : « Stop ! Arrêtez ! Vous êtes trop sur moi. Maintenant, il faut montrer patte blanche avant d'entrer ! » En clair, les parents envahissants n'ont qu'à bien se tenir ! Et, peu à peu, il fait de sa chambre son antre. C'est là qu'il se réfugie, qu'il s'isole, en interdisant farouchement toute entrée impromptue. À l'orée de la puberté, il restructure son espace personnel pour le faire encore plus sien, à son image, plus exactement comme un reflet de ses tempêtes et désordres intérieurs. Autant dire que la restructuration est d'abord une entreprise de démolition ! Les parents misaient sur la douceur ? L'enfant devenant ado va rendre cet espace violent, *hard*, voire *destroy* – c'est-à-dire « détruit » par rapport aux valeurs parentales.

Les parents ont du mal à supporter ce repli territorial. Certes, ils ont attribué une chambre à l'enfant, mais ils estiment quand même être chez eux ! Et lorsqu'il commence à vouloir s'enfermer dans sa chambre et leur en refuse l'entrée, ils vivent cela comme une émancipation avant l'heure, un refus de partage familial, une attitude égoïste. Ce d'autant plus que d'autres prises de distance apparaissent vis-à-vis des parents, donnant à ces derniers l'impression qu'ils deviennent de véritables repoussoirs. Dès qu'ils mastiquent ou déglutissent un peu trop bruyamment, le futur ado s'écarte en prenant une mine excédée et leur lance : « Arrêtez avec vos bruits ! » Cette soudaine exaspération est révélatrice d'une allergie aux bruits de l'intimité. Elle traduit une impression de « trop près », un effet de rapproché qui devient insupportable. Sans doute les conséquences retardées de ce fameux cocooning de la prime enfance... Et l'allergie concerne bientôt les câlins, les bisous, les accompagnements parentaux en ville ou à l'école. Finies, les effusions et les attitudes d'enfant soumis ! À mesure que l'enfant se rapproche de la puberté, ces prises de distance s'affichent de plus en plus. À l'adolescence, la « proximité » avec les parents devient insupportable, du fait de la sexualisation des liens. C'est aussi pourquoi l'ado transforme sa chambre en camp retranché. Il a envie de s'y barricader, quitte à se faire un rempart de bruits avec sa musique, pour affirmer son identité propre et ne pas se confondre avec sa famille. Mais les parents supportent encore plus mal l'innommable « foutoir » qui encombre sa chambre. Il est pour eux la preuve d'un laisser-aller qui dépasse la mesure et qui fait écho à cette nonchalance affichée en toutes circonstances.

Nous devons avoir conscience que la chambre de l'ado, ce nid douillet qui lui a été attribué, devient le cocon où s'opère sa métamorphose. Sans le savoir, l'ado traite cet espace comme un support l'aidant justement à « supporter » les bouleversements qu'il subit. Il transforme sa chambre à son image, en fait un « havre de paix plein de fureur et de désordre ». Il cherche en quelque sorte à faire corps avec sa chambre. Les murs en constituent la peau. Une peau qu'il s'approprie en y placardant des posters et des affiches qui frappent par leur caractère plus ou moins morbide ou provocant. Ne nous y trompons pas. Cet affichage a un double but : projeter hors de soi les angoisses liées à l'amour et à la mort ; faire hurler les parents, pour marquer sa différence et susciter une zone d'affrontement. Quant au désordre qui règne dans la chambre, il est le reflet du tumulte intérieur agitant l'ado. Le linge sale mélangé au propre, les feuilles de cours jonchant la moquette, les photos déchirées de son « ex », etc., composent une figuration du foutoir qu'il a dans sa tête. Détail qui a son importance : si l'ado se retranche souvent dans ce capharnaüm qui lui est familier et qui le rassure, il laisse aussi souvent la porte ouverte pour que ses parents constatent les dégâts. Qu'attend-il exactement ? Sûrement pas que l'on vienne ranger sa chambre et encore moins fouiller dans ses affaires ! Il cherche l'établissement d'une limite qui puisse le contenir et l'empêcher de déborder. Il faudrait presque que les parents se tiennent sur le seuil de sa chambre et lui disent : « Nous voyons que c'est le bazar chez toi... On aimerait que tu mettes de l'ordre dans tes affaires. » Même si cette « invitation » n'est pas toujours suivie des effets escomptés, elle a au moins le mérite de signifier l'évidence et de rassurer l'ado. Surtout si les parents se montrent fermes quant au respect du territoire de chacun. Cela vaut pour l'ado qui ne doit pas laisser traîner ses affaires partout dans la maison... et pour ses frères et sœurs qui doivent être rappelés à l'ordre par les parents chaque fois qu'ils font intrusion dans sa chambre. Moins l'ado sera respecté dans son territoire, plus il se radicalisera. Plus il sera obligé de marquer son territoire, de hérisser de piques ou de barbelés ses limites, ses frontières, y compris sa peau.

La question des limites

On a trop souvent tendance à interpréter la notion de « limites » uniquement en termes de règles à ne pas enfreindre. Or c'est d'abord et avant tout une zone frontalière qui sert à définir deux territoires, une bande de terrain qui a suffisamment d'épaisseur pour ne pas être une simple ligne de partage (voir Avant-propos). Un espace discuté puis entériné par les deux parties, comme c'est le cas entre pays voisins pour la reconnaissance mutuelle des frontières de chacun. L'un ne peut pas affirmer ses contours propres sans que l'autre les reconnaisse. L'ado et ses parents ont un peu les mêmes problèmes. Avec une difficulté supplémentaire : l'ado se transforme d'une manière tellement spectaculaire que ses propres contours deviennent flous, changeants, instables. À commencer par sa peau qui n'est plus l'enveloppe fiable qu'elle était jusque-là. À continuer par ses formes corporelles, mais aussi par ses envies, ses émotions, ses sentiments et ses pensées. Et le cadre général de cette transformation – l'adolescence – est également loin d'être net. Censé borner une période charnière, le voilà qui s'étire et perdure, devenant une sorte de nébuleuse dans laquelle on ne sait plus très bien où est la sortie. Certes, la plupart des ados bénéficient de l'intérêt et de l'attention vigilante de leurs parents. Mais on a vu que ce cocon protecteur devenait vite étouffant. Alors, comment faire ? L'ado va chercher à mieux définir ses contours. En recourant aux sensations fortes, en se dotant d'un look, en restructurant sa chambre à son image et, surtout, en confrontant tout cela et le reste aux bordures et balises parentales. Du côté des pairs, il pourra se comparer à ses semblables ; du côté des parents, il mettra à l'épreuve leurs capacités de contenance, trouvant dans la butée et le heurt la frontière à ne pas dépasser.

Dans notre société, l'affrontement parents-ado, pour nécessaire qu'il soit, n'est ni facilité ni encadré. Le corps social, dans son ensemble, se désintéresse de l'éducation des enfants, considérant que cette responsabilité incombe aux parents, aux enseignants et, dans les cas difficiles, aux éducateurs de profession. L'éducation n'est plus l'affaire de tous. Toute la confrontation se concentre sur la famille et l'école. Ce travail est éprouvant pour des adultes très esseulés dans cette tâche, d'autant plus qu'ils ont des tas d'autres occasions d'être fatigués et mis à l'épreuve. Et lorsque, même là, plus rien n'est clair, rassurant, juste, mesuré..., que l'identité est blessée, que l'on ne sait plus vers qui se tourner, le débordement guette. Pour l'ado en quête d'identité, toute surface d'affrontement est alors bonne à prendre : sa propre peau, celle des murs à taguer, celle des espaces à vandaliser, celle des règles et des lois à transgresser pour laisser son empreinte, son sillage, sa marque. C'est ainsi qu'il faut aussi comprendre les événements qui se sont produits récemment dans les quartiers dits « sensibles » des banlieues, où des 10-15 ans en déroute identitaire ont mis le feu aux voitures de leurs parents ou de leurs voisins, au pied même de leurs immeubles.

Il faut que des compromis soient trouvés entre les protagonistes. Mais comme les exemples valent parfois mieux que de longs discours, en voici une illustration familiale. Dire à un ado : « Nous t'interdisons formellement de fumer (du tabac) » est une limite qui paraît cohérente et qui pourtant ne l'est pas, car elle est érigée en loi absolue sans pour autant représenter la loi sociale. C'est un diktat, non une règle. Et l'ado est exclu de toute négociation. En revanche, les parents peuvent dire : « Tu connais notre point de vue, c'est mauvais pour la santé de fumer et on a beaucoup de mal ensuite à s'arrêter parce qu'on devient dépendant. » À partir de là, lorsque les parents sont eux-mêmes non-fumeurs, ils peuvent parfaitement définir une limite : « La maison est un espace sans tabac. Si, malgré nos conseils, tu veux quand même fumer, tu le feras dehors. » Si les parents fument, décréter que la maison est un endroit sans tabac et appliquer cette règle est une excellente manière de fixer une limite commune.

Pour autant, toutes les règles ne se négocient pas et ne s'élaborent pas avec l'ado. Il y a les lois dont les parents se doivent d'être les relais et qui ne sont pas négociables. L'ado qui fait mine, devant ses parents, de vouloir sortir en mobylette sans prendre son casque attend secrètement que ces derniers lui intiment l'ordre de respecter la loi. Il partira en bougonnant, mais il sera rassuré par l'attention de ses parents à son égard, puisque l'objectif est à la fois une question de protection et de respect de la loi. L'ado a aussi besoin de se heurter aux frontières symboliques que nous mettons en place et de les contester. Aussi bizarre que cela puisse paraître, cela le rassure. Il a besoin de bousculer nos points de vue. Nous devons pouvoir le supporter et être capables d'argumenter, de négocier, de chercher des compromis acceptables pour tous. Tout cela, dans un cadre familial où les frontières sont définies et respectées : celles du territoire propre à chacun, comme celles de l'intimité (chambre, salle de bain, toilettes).

Quant aux sorties de l'ado, si souvent l'occasion de tensions et de négociations, elles devront là encore s'envisager en fonction de limites énoncées et discutées. Évolutives, aussi, en fonction de l'âge. Pas question de laisser un ado mineur passer la nuit on ne sait où. S'il dort chez un(e) ami(e), le contact et l'autorisation des parents hôtes sont à exiger. Et pour définir l'heure de rentrée, se souvenir que le bon sens est recommandé... de même que des échanges réguliers à ce sujet avec d'autres parents. Sortir est indispensable à l'ado. C'est une autre façon de changer de peau, en l'occurrence celle de l'enfant, « tannée » par les règles des parents. Nous devons accepter cette ouverture au monde, même si elle nous inquiète. Aucun parent n'est rassuré lorsque l'ado est en vadrouille. Mais pouvoir lui faire confiance, dans une certaine mesure bien sûr, c'est aussi le reconnaître et le respecter. Pour se construire, il a besoin de quitter puis de retrouver les repères stables du domicile. Ces allées et venues lui permettent de mieux définir son champ d'évolution. Rappelons-nous : évoluer, c'est grandir et bouger. Attention au cocon parental qui bride à l'excès, ou au cocon faussement protecteur en laine de verre qui irrite et démange. S'il se sent prisonnier, l'ado sera obligé de le déchirer et, ce faisant, de se mettre en danger.

SON ENVELOPPE PERSO : LA PEAU

Le remue-ménage de la puberté bouleverse l'ado, en profondeur comme en surface. Et l'un et l'autre de ces espaces ont pour limite la peau. L'ado craint de perdre contenance, c'est-à-dire à la fois de ne plus savoir comment se comporter et de ne plus pouvoir compter sur ce revêtement cutané qui, jusque-là, enveloppait banalement son corps. Enfant, sa peau était en effet sans surprise. Lorsqu'elle prenait un coup, un bleu se formait puis changeait de couleur avant de disparaître. Et lorsqu'elle s'écorchait, elle fabriquait rapidement une croûte qu'il fallait simplement éviter de gratter jusqu'à cicatrisation complète. Maintenant, au lieu de s'être endurcie à travers les expériences de l'enfance pour devenir un cuir protecteur – ce dont l'ado aurait grandement besoin –, la voilà capable de livrer aux autres son trouble, ses états d'âme. Bien plus, elle se modifie elle-même au fur et à mesure que la métamorphose opère. Elle s'épaissit et devient grasse, luisante. Avec son cortège d'éruptions en tous genres ! Or l'apparence de soi est aujourd'hui une donnée déterminante. L'ado va évidemment se servir du look comme d'une seconde peau, mais il doit s'occuper de la sienne, s'employer à la contrôler à tout prix.

L'enveloppe traîtresse

Si l'état de la peau a autant d'importance chez l'ado, c'est qu'elle est bien plus qu'une simple enveloppe : depuis la nuit des temps, elle fait identité. Certaines expressions courantes indiquent d'ailleurs à quel point le moi et la peau se confondent : sauver ou risquer sa peau, avoir quelqu'un dans la peau, entrer dans la peau d'un personnage, être bien ou mal dans sa peau... Et justement, à l'heure où son identité est en question, l'ado ne peut plus compter sur elle. Cette peau qu'il examine tous les jours comme une « feuille de quotidien » pour connaître les mauvaises nouvelles du jour : saillie d'un point noir ? début d'un bouton ou constat de son mûrissement ? apparition d'une vergeture ? persistance de cette détestable peau d'orange là où l'ado la voudrait lisse et sans bavure ? Et malgré les réassurances de l'entourage sur l'air de « Tu exagères toujours, tu as un teint de pêche », l'ado est convaincu que les autres ne vont voir que cette imperfection. Que sa peau soit jeune, souple, élastique... il s'en fiche pas mal ! Les propriétés remarquables de la peau, il laisse cela aux adultes (voir encadré p. 24). Eux ne parlent que de rides, de cernes, de crèmes de jour et de nuit, de lifting et de liposuccion. Il n'y a que la jeunesse de leur peau qui semble les intéresser ! L'ado, lui, est préoccupé par autre chose : qu'est-ce que sa peau dit de lui à son insu, que vont penser les autres – ses pairs, surtout – de son apparence ? Va-t-il leur déplaire, voire susciter la moquerie ?

Le règne de l'apparence – et donc de la maîtrise de sa propre image – concorde mal avec les bouleversements pubertaires qui affectent aussi la peau. Finie, la toute-puissance infantile ! L'heure est à l'incertitude et au grand déballage de soi, alors que l'ado rêverait de tout contrôler en composant un savant mélange de pudeur et d'exhibitionnisme. Et le jeunisme des adultes, avec son obsession des produits « anti-âge », met paradoxalement la pression ! Tout un chacun doit être conforme aux canons de la séduction, quitte à corriger l'état de sa peau. Même si l'ado n'en a pas conscience, cette insistance joue sans doute un rôle important, d'autant que les stars médiatisées ont toujours une peau impeccable, à grand renfort de photos retouchées, de cosmétiques et de chirurgie esthétique. Comme par hasard, au moment où il voudrait cesser de subir l'influence de ses parents, prendre non seulement ses marques et ses distances, mais aussi son envol, l'ado constate que sa peau le lâche en route. Voilà qu'elle se met à briller sur le nez, à rougir pour un oui ou pour un non, à bourgeonner, à transpirer, et même à démanger... Cette peau devient éruptive comme si elle s'acharnait à révéler l'intime, les troubles, les émois, les pensées inavouées. Il est parfois même obligé d'éviter certaines expositions ou discussions, tant il risque d'être trahi par elle. Piquer un fard en public ? Avoir des auréoles sous les bras ? Sentir perler la sueur sur le front ou sous le nez ? Ce serait perdre la face et éprouver une gêne considérable. Le problème de cette satanée peau, c'est qu'elle est aussi transparente qu'un écran livrant en *live* les infos les plus secrètes.

L'ado n'a aucunement besoin que ses parents lui fassent des commentaires sur l'état de sa peau, sauf, évidemment, s'il est atteint d'une maladie ou de lésions inquiétantes. Qu'il ait un bouton ou deux, où est le problème tant que lui n'est demandeur de rien ? Et ce n'est jamais une bonne idée que de souligner sa sensibilité en le voyant rougir ou blêmir. Si on doit « le lâcher » quelque part, c'est au niveau de ces remarques qui blessent inutilement, même et peut-être surtout lorsqu'elles sont présentées comme des plaisanteries. L'ado ne plaisante pas avec l'aspect et l'allure qu'il donne de lui. Laissons-le tranquille, il est bien assez gêné comme ça de savoir que son émotivité se lit à livre ouvert sur sa figure. Insister lourdement reviendrait ni plus ni moins à le provoquer en combat singulier. Et là, attention à l'impulsivité adolescente ! On a vu, à propos de la chambre de l'ado, que les parents devaient éviter toute intrusion dans son territoire, c'est-à-dire toute visite non librement consentie. Eh bien, en matière de peau, c'est pareil ! Ne cherchons pas à deviner ses états d'âme, encore moins à percer à jour ses secrets à travers les expressions que livre sa peau. Il aurait alors l'impression d'être un ado en verre et serait conduit à se rendre opaque au prix de tous les subterfuges possibles.

L'acné, l'ennemi n° 1

On aimerait ne pas avoir à parler de l'acné chaque fois qu'il est question de l'adolescence, mais c'est un lien que tous les sondages confirment : pour huit ados sur dix, l'acné est le problème numéro un, ce qui explique la fréquence de la consultation chez le dermatologue (premier spécialiste visité par les ados) et le succès des lotions antiacnéiques. Un vrai budget et de réelles préoccupations, pour les filles comme pour les garçons. Cette floraison déplaisante est due aux hormones sexuelles qui provoquent des remaniements de la peau frappant certains endroits du corps plus que d'autres (visage, épaules, torse, notamment) : la peau s'épaissit et devient grasse par excès de sébum, ce qui donne naissance aux points noirs ; les pores s'élargissent et les microbes y pénètrent plus profondément, ce qui aboutit à une petite infection locale avec inflammation et pus. Bref, le bouton typique est d'abord rouge et tendu (donc douloureux) puis « blanc », c'est-à-dire purulent, et sa victime n'a qu'une idée : le vider pour se soulager.

L'acné sévit sur les parties du corps les plus exposées au regard. Celles qui servent à capter l'attention et à séduire. Et ce dont a peur l'ado, c'est de dégoûter les autres avec ses boutons. S'il en a autour de la bouche et sur les joues, ne va-t-il pas faire reculer ses pairs lors des embrassades matinales devant le collège ou le lycée ? L'acné à ce niveau ne risque-t-il pas d'être un « remède contre le flirt » ? Peut-on se permettre de porter un décolleté avec deux ou trois horribles pustules bien visibles ? Heureusement que le soleil de l'été a tendance à les faire disparaître. Néanmoins, dès l'automne, ces petits volcans indésirables émergent à nouveau comme pour dire : « La fête est finie ! Tu seras maintenant pâle et boutonneux, comme la logique le veut... puisque tu es ado. » Dans une société qui vante les vertus du net et du lisse, ce n'est donc pas la joie !

Certes, la plupart des ados exagèrent l'importance de la disgrâce. Mais même ceux qui ne connaissent que des formes modérées d'acné juvénile redoutent tous les jours d'offrir un visage à problèmes. La moquerie ou le dégoût de la part des pairs ne sont pas leurs seules craintes. Il y a aussi une idée reçue qui a la peau plus dure que celle de l'ado : attribuer l'acné à une trop grande frustration sexuelle. Les plus boutonneux seraient les plus frustrés ! L'explication est d'autant plus cruelle que l'ado affligé d'une acné sévère n'est peut-être pas, du coup, le plus entreprenant ni celui qui a le plus de succès. Une autre idée fait débat : la question de l'hygiène. Certains adultes balayent de façon un peu méprisante le problème de l'acné en le considérant comme la simple conséquence d'un manque d'hygiène. Soyons clair : exprimée comme cela, l'idée est excessive et surtout très humiliante pour l'ado. Mais il est évident que les ados, pourtant très inquiets au sujet de l'état de leur peau, ont des manières bien à eux de la traiter. Les garçons, au début de l'adolescence, n'ont plus trop envie de se laver. Une façon de se rassurer en baignant dans leur jus, comme s'ils voulaient changer le moins possible. Ils se créent ainsi une seconde peau à travers la crasse qui se révèle être surtout un excellent répulsif anti-maman. Les filles sont généralement plus propres, mais elles recourent parfois au maquillage de manière outrancière. Elles se couvrent de fond de teint pour se démarquer de leur mère et afficher la mine d'une fille délurée. Le fond de teint devient un masque pour camoufler et provoquer. Dans un cas comme dans l'autre, la peau a du mal à respirer et ces fantaisies peuvent aggraver l'acné.

Mais pour nombre d'ados, l'injustice semble flagrante : ils passent leur temps à se décaper le visage jusqu'à s'irriter... sans savoir qu'ils accentuent ainsi la sécrétion de sébum. Et pour d'autres, c'est la gêne qui est plus souvent responsable de leurs problèmes de peau que la négligence : chaque fois qu'ils sont mal à l'aise, ils ne cessent de porter la main à leur visage pour faire écran au regard des autres, et les mains sont moins propres qu'elles ne paraissent. Quant aux ados qui se triturent le moindre bouton sans attendre qu'il soit « mûr », ils risquent d'obtenir un résultat pire que celui qu'ils escomptaient, voire de s'infliger des cicatrices indélébiles.

Les parents ne doivent ni banaliser ni dramatiser ces préoccupations quotidiennes de l'ado. Celui-ci est en réalité doublement attaqué par l'acné. Au niveau de son apparence, de son image, qu'il voudrait pouvoir contrôler, volonté que l'éruption cutanée réfute en lui échappant. Mais le bouton vient également exprimer quelque chose qui pointe hors de soi et qui est « mauvais » puisqu'il s'agit de pus. Comme si tout ce qui pouvait « sortir » de l'ado était dégoûtant ! Or justement, à l'heure où les hormones sexuelles agitent l'ado dans tous les sens, essayons d'imaginer combien peuvent se télescoper dans sa tête les diverses sécrétions plus ou moins éruptives et indésirables du corps. C'est donc aussi parce que acné rime avec sexualité que ces problèmes cutanés prennent tant de place. D'ailleurs, la plupart des autres problèmes de peau sont redoutés à la mesure de ce lien. L'herpès à la lèvre et la plaque d'eczéma à la racine des cheveux ne risquent-ils pas de laisser supposer des atteintes génitales ? Ces maladies de peau sont également redoutées parce qu'elles récidivent et ne peuvent bénéficier que de traitements symptomatiques plus ou moins efficaces. D'autre part, les lésions qu'elles provoquent ont tendance à « flamber » sous l'effet du stress et de la fatigue (examens, sorties...). Tout cela contribue à rendre insistante et douloureuse la vulnérabilité de l'ado à un moment où il doute particulièrement de lui et de ses capacités. En somme, ce qui affecte l'épiderme ne fait pas qu'altérer son apparence : l'image qu'il a de lui, à la fois extérieure et intérieure, est attaquée. C'est pourquoi les parents ne doivent jamais se moquer de l'ado qui a des boutons, ou lui en parler avec une insistance telle que ce qu'il pouvait craindre se trouve vérifié : décidément, on ne retient de lui que son problème d'acné. Aborder la question ne doit pas revenir à multiplier les conseils qui finiront par faire dire à l'ado : « C'est vous [les parents] qui me donnez des boutons ! » Lorsque l'ado aborde lui-même le problème, il faut essayer de se montrer le plus objectif possible, sans chercher à minimiser ses soucis mais plutôt en passant en revue avec lui les diverses solutions que l'on connaît. Et si besoin, bien sûr, lui proposer de consulter un médecin. Mais en gardant ses distances pour ne pas réduire l'ado à ce petit enfant qu'il n'est plus.

Changer de peau n'est pas une tâche facile. Surtout que l'épreuve est loin de se limiter à une simple mue. Tout change, tout bouge, donne le vertige. L'ado voudrait garder le contrôle sur les événements... mais son corps comme sa peau lui échappent. Serait-il tenté de rester lové dans le doux regard de ses parents qu'il ne pourrait pas le supporter bien longtemps. Question d'allergie, indépendante de sa volonté ! Et même s'il était moins épidermique, il ne pourrait plus se blottir dans ce regard puisque sa propre métamorphose les affecte eux aussi. Il leur fait peur, maintenant ! Alors que faire ? « Assumer les changements », lit-on dans les magazines et les livres spécialisés. D'accord, mais comment ? À quoi se raccrocher ? Eh bien, à ce qui reste à soi : son propre regard ! On n'est jamais mieux servi que par soi-même... D'où les heures passées devant le miroir pour s'observer, vérifier et reprendre un semblant de contrôle, fût-ce seulement par les yeux. S'étudier et donc chercher à s'habituer à son image, pour la faire sienne vraiment. Voilà pourquoi l'ado se regarde de près et si souvent. Il se cache même pour se regarder. C'est un deuxième stade du miroir : le premier, celui qui a marqué la prime enfance lors de la prise de conscience de l'image de soi, l'ado ne s'en souvient évidemment pas. Lui, il se regarde aujourd'hui pour tenter de se reconnaître lui-même, cette fois grandi, formé, transformé par la puberté. Il se réapproprie ces changements, beaucoup plus qu'il ne se contemple, contrairement à ce que croient les adultes qui le traitent de Narcisse. Égocentré par obligation, mais pas Narcisse... sauf s'il se perdait dans cette captation. D'ailleurs, ses pairs vont l'entraîner à se confectionner une seconde peau pour qu'il puisse se dégager de la sienne, une seconde peau collective qui s'appelle le look.

2

Le look, une seconde peau

L'habit fait-il le moi ?

Lorsque nous, parents, étions enfants, c'était la plupart du temps notre mère qui choisissait les tenues que nous devions porter. C'était elle aussi qui décidait de faire percer les oreilles de sa fille par le bijoutier, dès l'âge de 5-6 ans, pour la parer de ses premières boucles, renouvelées ensuite au rythme des anniversaires et des communions. Ce piercing qui ne disait pas son nom était alors un standard familial et son retrait vers 15 ans un signe de rébellion, on aurait presque tendance à l'oublier aujourd'hui où c'est l'inverse qui se produit ! Les temps ont changé. De nos jours, l'enfant se laisse habiller et parer... jusqu'à 8-9 ans au maximum. Ensuite, c'est lui qui choisit. Ou plutôt qui croit choisir tant la pression commerciale est forte. Il indique en tout cas ses choix à sa mère, lui donne force consignes d'achat et s'énerve lorsque le résultat n'est pas au rendez-vous. Devenu ado, il préfère qu'on lui donne l'argent pour qu'il aille faire ses courses tout seul, c'est-à-dire avec ses amis. À partir du collège, rares sont les ados qui dépendent encore des choix parentaux pour les tenues vestimentaires. « Ce serait la honte ! » n'hésitent-ils pas à clamer, eux qui s'emploient, *primo*, à se démarquer des parents, au sens propre, et *secundo*, à se faire un look reconnu par les pairs pour intégrer la « planète ado ». En somme, s'écarter des voies parentales, trancher avec leurs vues, mais vite rejoindre les pairs afin de ne pas rester isolé et démuni, d'où ce « conformisme rebelle » qui ressemble à s'y méprendre à un uniforme ado. C'est aujourd'hui cela la seconde peau, faite de différentes couches enveloppant l'ado comme les feuilles protègent le cœur tendre de l'artichaut. On passe du cocon parental aux enveloppes personnelles donnant au look une importance cruciale. Dans une société de l'image et de la consommation, « ça le fait » ou « ça ne le fait pas » au niveau de l'apparence, comme ils disent, tandis que les postures et les consommations – alimentaires, bien sûr, mais aussi toutes les autres, tabac, alcool et cannabis compris ! – peaufinent ce que l'ado donne à voir de lui. Les goûts et les couleurs, ça ne se discute pas, dit-on ? Eh bien, pour les parents, il va pourtant falloir observer, discuter, négocier autour de ces différents « fronts » et s'armer de patience. L'enjeu est de taille : l'ado se sert des contours de son look pour se construire. Les parents peuvent l'aider à en faire des limites supportables, à condition qu'ils comprennent ce qui sous-tend cet apparent culte de l'image de soi et qu'ils en tolèrent, sinon l'extravagance, du moins la fantaisie, en restant, eux, à leur place d'adultes.

LE CULTE DE L'IMAGE DE SOI

Les progrès technologiques confèrent à l'image une place essentielle. Mais notre société est aussi une *société du sujet*, car l'évolution des mentalités et des modes de vie tend à faire valoir la primauté de l'individu sur le groupe, au contraire des sociétés traditionnelles où c'est le groupe qui prévaut sur l'individu. Chez nous, chacun sait qu'il vaut mieux être sujet – celui qui parle, agit, et dont on parle – plutôt qu'objet, c'est-à-dire en position de subir, d'être chosifié et manipulé. Autrefois, ce problème de distinction était beaucoup moins aigu. Chacun était désigné par ses origines et son appartenance. L'apparence, la tenue de quelqu'un permettait de le situer dans le corps social : son milieu, son métier, ses aspirations. Aujourd'hui, ce qui compte, c'est d'avoir une image permettant à chacun d'être reconnu comme sujet et de pouvoir choisir son groupe d'appartenance. Et l'affichage doit être bien visible pour correspondre aux valeurs des temps modernes : avoir l'air libre, en forme, bien dans sa peau, entreprenant, paraître jeune et à l'aise.

Un look, sinon rien !

Ce que l'on donne à voir de son allure, de son aspect, de son image, constitue le look. Ce mot qui vient de l'anglais ne laisse aucun doute sur l'objectif : intéresser le regard. Dans le look, il y a ce qui se voit, ce qui attire ou repousse, et ce qui fixe l'attention. On le cultive car c'est devenu un véritable travail tant l'allure, l'apparence que l'on donne de soi, sert à se définir. Il faut accrocher le regard. Le sien, d'abord, dans une perspective très égocentrée qui veut que l'on ait à se plaire à soi-même avant de pouvoir s'intéresser à autrui. Mais bien sûr aussi le regard de l'autre que l'on cherche à capter pour exercer un pouvoir sur lui. On se choisit une allure générale qui permet d'intégrer un groupe d'appartenance. Le look sert ainsi à « faire lien » avec les autres, ce que rend l'expression « avoir un look branché », où il y a de la connexion dans l'air. Et puis, dans le conformisme de la mode, on cherche à se singulariser à travers les petits détails qui font la différence. Ce jeu, tout le monde y joue, mais les ados le pratiquent avec un engagement et des excès à la mesure de leur besoin de se trouver. De quoi disposent-ils d'autre à l'heure où leur corps change et les trahit ? Le look va leur servir de seconde peau protectrice et d'écran aussi : pour y projeter ce qu'ils veulent donner à voir tout autant que pour cacher ce qui les dérange.

En voulant se montrer jeunes et branchés, les adultes ne facilitent pas le travail des ados, bien au contraire. Le slogan de la modernité est : « Tout ce qui fait jeune est bon ; tout ce qui fait vieux est à proscrire ! » Du coup, nombre d'adultes cherchent à singer les ados en adoptant leurs tenues, leurs attitudes, leur façon de parler. Comment trouver ses propres marques et prendre ses distances vis-à-vis de parents « collants » qui se prétendent même parfois copains de leur ado ? Aussi étonnant que cela puisse paraître, de telles situations sont aujourd'hui plus fréquentes que celles où le conflit des générations établit un fossé net entre parents et ados. Souvent, il n'y a (presque) plus de conflit, du moins au niveau de l'apparence, mais plutôt une compétition de look obligeant les ados à en faire davantage pour produire de l'écart, de la différence. La fameuse relation mère-fille n'y échappe pas ! Les mères un peu « rétro » trouvant que leur fille s'habille comme une clocharde sont doublées par toutes ces « nouvelles mamans » qui cherchent le duo avec une frénésie déconcertante. Elles s'habillent et se parent comme leur fille, et peuvent pousser le partage jusqu'à enfiler son jean, voire son string... « lorsque le leur n'est pas encore sec », se défendent-elles ! Fortes de leur pouvoir d'achat, elles entraînent leur fille dans les boutiques, y comparent leurs formes, rentrent avec une idée de régime... puisque certaines iront jusqu'à envisager d'accompagner fifille et ses copines en boîte de nuit... Il y a des ados qui se prêtent au jeu, au moins au début, et beaucoup d'autres qui exploitent cette occasion de rivaliser. Il n'est pas rare alors que le jeu du paraître se transforme en course-poursuite, les ados s'employant à aller toujours plus loin dans les provocations (et les dépenses !) pour voir jusqu'où leurs mères vont les suivre. Au fond, encore une manière de tester les limites.

Certains pères ne sont pas en reste pour arbitrer la compétition mère-fille qui fait rage, d'autant qu'ils ne détestent pas se promener flanqués de l'une et de l'autre tels des mâles bien servis ! Eux-mêmes peuvent changer leur look, « à la quarantaine rugissante », pour adopter en partie celui... des copains de leur ado et jouer ainsi sur tous les tableaux de la séduction.

Cela peut sembler une évidence, mais les parents doivent accepter de vieillir, ce qui ne revient pas à se montrer décrépits ! Certes, il est normal d'avoir envie de se maintenir en forme et de continuer à plaire – ce que d'ailleurs les progrès et les modes de vie actuels permettent au plus grand nombre jusqu'à un âge avancé. Mais il faut assumer son âge et les valeurs qui s'y rapportent. La question n'est pas tant d'avoir l'air que de se sentir le mieux possible. En réalité, c'est surtout dans la tête qu'il faut rester jeune, c'est-à-dire souple et capable de s'adapter. Les adultes qui croient trouver dans le jeunisme une solution « séduisante » n'ont pas conscience qu'ils se rigidifient au contraire ! En campant sur des positions révolues, ils deviennent des caricatures, alors que, s'ils assumaient un vieillissement bien tempéré, ils y trouveraient d'autres charmes. Les tempes grisonnantes et certaines rides peuvent même se révéler très sexy !

Mais le jeunisme des adultes a surtout pour effet de « coller » aux ados, en effaçant la différence des générations. La mère-lolita qui emprunte les sous-vêtements de sa fille réalise, sans le savoir, un geste à la fois fusionnel et « incestuel » : il confond les identités et mêle des intimités. Le vent brûlant de l'inceste risque de souffler aussi lorsqu'elle entreprend d'accompagner sa fille en boîte. Va-t-elle sortir avec un des « ex » de sa fille ? Ou bien vont-elles toutes deux se disputer le même garçon ? Le père-copain qui adopte la coiffure gélifiée « en pétard » et, pourquoi pas, le joint qui va avec, est lui aussi dans le mélange des genres et la confusion des générations.

On aimerait que ces exemples soient exagérés. Ils ne le sont pas et leur fréquence est aujourd'hui préoccupante. Or les parents doivent rester à leur place. Ils doivent pouvoir supporter que l'ado tranche avec eux, qu'il se distingue. En comprenant que celui-ci ait, dans une certaine mesure bien sûr, à changer de façade pour s'approprier ses transformations profondes, les parents lui facilitent le « travail de l'adolescence ». C'est un paradoxe de taille : le travail de surface, ce que nous avons tendance à appeler le superficiel, aide l'ado à composer avec son intériorité qui lui est encore inaccessible. C'est aussi par ce langage de l'apparence qu'il parvient à exprimer des choses profondes ne pouvant être mises en mots. Plutôt que de tout faire pour réduire l'écart avec leur ado, les parents doivent donc tolérer qu'il cherche le contraste, la différence. N'oublions pas que la plupart de ses originalités se jouent au niveau du look et des attitudes, car l'ado a besoin que sa différence se voie, lui qui est l'objet d'une métamorphose pubertaire qui le modifie sans qu'il puisse contrôler ces changements. Tant qu'il s'en tient à des fantaisies acceptables – entendons qui ne remettent pas en cause son insertion scolaire et sociale –, il n'y a pas péril en la demeure. D'autre part, en ne se focalisant pas eux-mêmes sur leur seule apparence, les parents invitent l'ado à comprendre que la vie comporte d'autres investissements, moins visibles, plus profitables et plus durables.

L'âge ingrat... Pour qui et pourquoi, au fait ?

La nouveauté, c'est que filles et garçons aspirent à avoir l'air ado bien avant l'heure. Ce phénomène se développe au point que, dès le CP, les enfants expriment leurs premières exigences pour adopter les tenues des teenagers. Les sitcoms pour ados qui sont intercalées dans les programmes télévisés pour enfants jouent évidemment un rôle d'amorce qui ne tarde pas à mettre le feu aux poudres. Voilà des modèles à suivre ! Tandis que les garçons vont adopter des attitudes et un look plutôt machos, pour « se scotcher » devant des jeux vidéo où les combats et les cascades font rage, les filles vont poser leurs poupées... et s'amuser à en devenir une. Les jouets « palette de maquillage » et « kit de karaoké » servent notamment à se composer un look de chanteuse inspiré des stars tant adulées. Le ludique est au-devant de la scène, mais la pression du look s'accentue à partir de l'âge de 8-9 ans pour devenir très forte dans les deux ans qui précèdent la puberté. Ce phénomène rend particulièrement floue la période pubertaire, puisque le look ne sert plus à distinguer les pré- et les post-pubères. En matière d'apparence, la puberté et les nouvelles formes qu'elle donne au corps se trouvent, en quelque sorte, absorbées par le look. Ainsi, même non pubères, les filles revendiquent les « petits hauts » et les pantalons « taille basse » de leurs aînées. Elles n'hésitent pas à jouer aux lolitas et aux bimbos (voir encadré ci-dessous), encouragées par l'industrie dont l'imagination est sans limites et qui y trouve un marché prometteur : sous-vêtements de *baby girls* avec bonnets de soutien-gorge en mousse pleine simulant une poitrine, vrais strings, cosmétiques pour enfants et, bien sûr, déclinaison XXS – *very small !* – des marques ados les plus prisées. Le comble du comble ? Les mères qui rejouent à la poupée avec leur propre fille, déguisant celle-ci en Barbie vivante !

Le fait est que la plupart des pré-ados font déjà preuve d'une grande habileté à se mettre en scène, à la mesure des stars qu'ils vénèrent. À l'orée de l'adolescence, ils ne ressemblent plus aux garçonnets et aux fillettes d'autrefois qui subissaient violemment les assauts pubertaires et se montraient heurtés, gauches et maladroits. Alors, l'âge ingrat, c'est fini ? Eh bien, ça dépend de ce que l'on entend par là ! Ingrats, les ados ne le sont plus dans leurs postures. Ils le sont surtout vis-à-vis de leurs parents, en négligeant leurs valeurs, en balayant leurs avis et en faisant mine de ne prendre en compte que l'opinion de leurs pairs. C'est en tout cas le vécu qu'en ont les adultes qui tentent d'assumer leur rôle, sans encourager le mouvement. Pour eux, la vie quotidienne n'est pas facile avec un ado qui ne semble préoccupé que par son look. Entre ce qu'ils imaginaient et acceptaient intellectuellement avant et la réalité des faits maintenant que l'ado ne semble investir la maison que pour se poser dans sa chambre et préparer son look, il y a une différence de taille ! Tout ce qu'il fait ne paraît destiné... qu'à l'extérieur. Les proches n'ont droit qu'aux basses besognes, notamment la mère qui – cette fois du côté de ceux qui trinquent – doit être à son service pour lui acheter le super-gel qui « décoiffe », lui replier ses affaires après qu'il a essayé diverses tenues, etc. La tension, la pression, les préparatifs, les multiples essayages, c'est pour la maison et donc les parents. Ce n'est qu'une fois à l'extérieur que l'ado se la joue cool, détaché, sans contraintes, libre comme l'air, comme si son look était le plus naturel possible.

Tant mieux si les jeunes se laissent moins surprendre qu'auparavant par les changements à venir, mais attention à ne pas se fier aux seules apparences, car elles sont trompeuses. C'est d'ailleurs aujourd'hui un point clé : la maturation (physique et intellectuelle) se fait de plus en plus précoce, mais elle ne coïncide pas avec la maturité (affective) qui tarde à s'exprimer, dépendance durable oblige. Outre le fait qu'à âge égal, les filles sont plus mûres que les garçons, les membres de la planète ado, s'ils se ressemblent comme des gouttes d'eau, n'en sont pas moins les uns et les autres à des stades différents de maturité. Et, en termes d'apparence, il y a une grande différence entre le petit jeu consistant à jouer « pour de faux » et le grand jeu qui implique son acteur « dans le faux ». Pour les adultes, le risque est de s'en tenir au look et de prendre les plus jeunes (et les plus vulnérables) pour ce qu'ils ne sont pas encore. Les jeunes filles qui affichent un look sexy emprunté aux images publicitaires ne sont évidemment pas prêtes à en assumer les conséquences. Les Anglo-Saxons appellent cela *underaged risk behavior*. Le jeu de l'apparence et ses effets peuvent prêter à confusion et les mettre en danger dès lors que les adultes les convoitent. On peut se demander dans quelle mesure certaines jeunes filles jouant aux lolitas ont conscience de la nature provocante de leurs tenues et des risques auxquels elles s'exposent.

Quant aux mères qui s'amusent à déguiser leur fillette en « *sexy doll* », il faudrait pouvoir les convaincre qu'elles contribuent ainsi, non seulement à pousser cette dernière dans le culte de l'apparence, mais aussi à la chosifier en position d'objet de désir, en lui dérobant au passage un peu de sa naïveté d'enfance. Laissons les fillettes jouer toutes seules ; elles savent d'ailleurs très bien s'amuser en cachette à « faire comme » en mettant les chaussures à talons de leur mère et ses soutiens-gorge après les avoir bourrés de coton ! Jeu qui leur permet d'expérimenter une différence de taille... et, ce faisant, de vivre la réalité de la différence de génération.

Reconnaissons qu'être parents d'ado est une tâche ingrate. Non seulement elle est peu gratifiante (on reçoit peu de mercis), mais elle est aussi très attaquante sur le plan narcissique. Il faut accepter d'être considérés comme *has been*, traités de « vieux » avant l'heure, entendre que l'on a un look risible et des intérêts englués dans la routine. Tout cela fait beaucoup à un moment où, au milieu de la vie, nous constatons notre propre vieillissement et une certaine réduction de nos potentialités ! En prime, nous avons toujours l'impression d'avoir une rame de retard, car dès que nous sommes habitués et acquis à tel ou tel aspect de son look qui, jusque-là, nous révulsait..., voilà l'ado qui nous l'abandonne comme une vieille peau, pour en prendre un autre encore plus déconcertant ! Tel un nomade de l'apparence, lui passe à autre chose, et nous, nous restons en plan, mesurant alors notre ridicule à aboyer tout seuls dans le désert. Pis, il peut faire mine de solliciter notre avis, pour n'en tenir aucun compte, ou bien sembler attendre de notre part quelque réassurance... pour la nier très vite avec la plus farouche énergie ou avec la condescendance d'un créancier magnanime qui tirerait un trait sur une dette insolvable.

Une bonne dose d'humour et d'autodérision est donc nécessaire... et salutaire ! Nous devons avoir en tête que c'est à travers ce travail de démolition que l'ado va pouvoir se construire. Et que lorsque tout cela sera fait... il reviendra vers ses parents. Contrairement à ce que l'on croit, l'ado prend appui sur la position parentale, pourvu qu'elle soit stable. C'est d'ailleurs pour l'éprouver qu'il provoque, sollicite des avis et fait celui qui n'en tient pas compte. Mais il ne faut pas non plus prendre une posture de parents martyrs et tendre les deux joues pour se faire battre ! C'est une chose que d'accepter un certain écart et de ne pas cataloguer l'ado en fonction du look qu'il souhaite adopter, c'en est une autre que de ne rien en dire, surtout lorsqu'il se met en danger d'exposition sans le savoir ! Même si la censure demande à être maniée avec précaution et nécessite toujours des explications, les parents ont un devoir – certes ingrat – de responsabilité et de protection qui peut s'exprimer par des interdictions frappant tel ou tel accoutrement incompatible avec la vie scolaire, voire menaçant par l'exhibition qu'il peut produire dans la vie sociale. Il n'en demeure pas moins que ces bornes sont plus faciles à mettre en place avant la puberté. Au-delà, le « flirt avec les limites » caractérise l'ado en âge de l'être. Les nuances seront subtiles, parfois très délicates à déterminer, mais les discussions toujours indispensables. La provocation adolescente n'a pas nécessairement besoin de se mettre à exécution, à partir du moment où elle peut être entendue, discutée et négociée. Lorsqu'elle ne l'est pas, chacun campant sur ses positions, la guerre de tranchées est déclarée. Et le problème, c'est qu'au jeu du « qui perd gagne », l'ado sera toujours le plus fort. N'oublions jamais que les parents qui ne cèdent sur rien vont conduire l'ado à entrer « en résistance ». Il le fera en se mettant lui-même en échec pour mieux les atteindre, en s'affirmant dans le négatif pour garder la maîtrise. Sachant que la réussite scolaire est l'une des priorités parentales, il s'emploiera alors à saboter sa scolarité.

LE BESOIN DE TROUVER SES MARQUES ET DÉMARQUES

Tel un électron qui se voudrait libre, l'ado veut quitter l'orbite parentale. Il ne peut pas le faire vraiment, malgré les menaces de demande d'émancipation qu'il brandit lorsqu'il est en colère. Ses relations avec le noyau familial deviennent d'ailleurs réellement « électriques » : les charges alternativement positives et négatives à la maison ne cessent d'interagir, de s'attirer et de se repousser. L'ado a besoin de lâcher son énergie ailleurs ! Il est attiré par une autre orbite, celle brillante, étincelante, qui appartient au noyau des pairs – la planète ado. Comment en faire partie dans l'espoir de participer à des réactions en chaîne... qu'il espère atomiques ?

Se démarquer des parents

D'abord, il y a eu l'étouffement dans le cocon protecteur, puis les premières allergies de contact qui n'ont fait qu'augmenter jusqu'à la puberté. À partir de là, l'écart est devenu le maître mot, dans tous les domaines. En matière de look et d'attitudes, l'ado veut « faire tache » par rapport à sa famille. Pourquoi cette insistance ? La puberté le gêne à travers les ressemblances physiques que ne manquent pas de pointer du doigt les proches au fur et à mesure que son corps devient adulte. Une petite phrase du genre « C'est le portrait de son oncle Benjamin ! » a le don de l'exaspérer car elle le désapproprie encore un peu plus de ce qui change en lui. Les ressemblances physiques lui collent à la peau ! Mais la puberté le gêne aux entournures, surtout parce qu'elle sexualise tous les liens, dont évidemment en premier lieu les liens filiaux et familiaux. Et parce que l'ado reste dépendant de ces liens, tant sur le plan matériel qu'affectif, il doit prendre ses distances pour éviter le spectre de l'inceste. Il n'en a pas forcément conscience, ses parents non plus d'ailleurs, mais la gêne et la haine qu'il éprouve à leur endroit sont toujours déclenchées par le « rapproché ». C'est pour cela qu'il fuit les câlins et les embrassades en famille, réservant ces effusions pour l'extérieur, avec les pairs. Le look que se choisit l'ado vise donc à la fois à afficher une autre appartenance que celle dont il a hérité et à se démarquer des parents pour prendre d'indispensables distances. Il ne veut ni être pareil ni être confondu. Il veut être LUI, et de quoi dispose-t-il pour agir ? De son corps et de ses actes. Il se démarque sur tous les fronts de la dépendance : nourriture, look, investissements, sorties. Ce qui va se voir le plus, c'est le look, parce que l'ado cherche à faire coupure avec les parents, à trancher par rapport à eux. Il a besoin que cela soit visible, concret, palpable. Et il va pouvoir ainsi jouer de son look pour contrôler ce qu'il donne à voir de lui. En jouant sur plusieurs tableaux, il exhibe ce qui – selon lui – le met en valeur ou lui permet de prendre ses distances, et il cache ce qui lui déplaît de montrer, en positif comme en négatif. Quant au détachement qu'il affiche, il traduit – par son insistance – combien l'ado souffre de sa dépendance. Il veut paraître insouciant, désordonné, comme détaché des contingences de la vie quotidienne. Et consacre beaucoup de temps à cultiver une certaine jachère de l'apparence pour rompre avec l'ordre parental.

Comment s'intégrer en se démarquant ? Le problème est en effet difficile à résoudre. D'une part, les identifications ne se transmettent plus comme par le passé d'une génération à l'autre, mais à l'intérieur de la nébuleuse planète ado. Les modèles à suivre ne sont plus les parents, les oncles ou les tantes, mais les « grands frères » et les « grandes sœurs » de cette planète dont le look tient lieu de passeport identitaire. Ceux qui incarnent des grands ados ayant réussi, c'est-à-dire devenus riches et célèbres, à l'instar de telle chanteuse ou de tel sportif. D'autre part, la société ne participe plus (ou très peu) au balisage de l'entrée en puberté. Les rites de passage de l'enfance à l'âge adulte n'existent plus et les grandes épreuves se résument à quelques échéances (voir chapitre 4). Du coup, le flou vient compliquer l'adolescence qui est, en elle-même, le temps des paradoxes. La sexualisation des liens n'est plus collectivement gérée, avec des règles et des étapes précises. C'est aux ados de s'inventer un « entre-deux », ce qu'ils font en cherchant leurs propres marques et en prenant leurs distances. Mais on voit bien que le flou règne et que beaucoup oscillent d'un extrême à l'autre. Ainsi en est-il des manifestations émotionnelles fortes qui, taboues à la maison, deviennent un véritable concours d'épanchements dehors, entre pairs, dans les bras de l'autre. Comme si les ados devaient rejouer entre eux les besoins d'un petit enfant à l'égard de ses parents. Et tandis qu'en famille il ne cesse de dire ou de manifester qu'il n'est plus un enfant, il associe à son allure rebelle un doudou ou une peluche, adore les friandises en forme de nounours, comme s'il ne parvenait pas à se défaire de sa petite enfance.

Pour les parents, il s'agit de ne pas vivre comme un reniement des origines ce besoin qu'a l'ado de se démarquer. Il faut avoir à l'esprit, également, que l'on est intellectuellement prêt aux changements de notre enfant, mais qu'il y a aussi chez nous de l'ambivalence dans l'air. On voudrait qu'il change sans que cela modifie en quoi que ce soit les relations que l'on a avec lui. Un exemple parmi d'autres : sans doute parce qu'on revendique d'être ses tuteurs, on ne cesse de l'inviter à se tenir droit, tandis que lui aurait plutôt tendance à se voûter pour toutes sortes de raisons (il se trouve trop grand, il est fatigué, elle ne veut pas mettre sa poitrine en évidence, il/elle « en a plein le dos » de sa famille...). Mais l'on ne doit pas mettre l'éducation et l'autorité à toutes les sauces ! Il nous faut admettre que la sexualisation des liens doit nous conduire à établir une certaine distance et une certaine réserve dans tout ce qui s'offre au regard. Ne pas pénétrer dans sa chambre sans y être autorisés, cesser de regarder l'ado avec insistance, de lui faire des commentaires sur ses nouvelles formes, de le comparer à tel ou tel parent.

Il n'en demeure pas moins que ces différentes lignes de démarcation sont difficiles à respecter, de part et d'autre. L'ado n'est pas en reste, lui qui fait le hérisson en toute occasion. Non seulement il cherche le décalage en permanence pour paraître autre et autrement que ses parents et les membres de sa famille, mais on ne sait comment interpréter ses provocations qui en font tour à tour un « grand » apparemment très travaillé par le sexuel et un « petit » revendiquant son innocence et s'employant à masquer ses formes. Les parents ont le sentiment d'être attaqués sur tous les fronts : leurs valeurs passent à la trappe, l'ado n'hésite pas à remettre en question ses origines (« Si ça se trouve, vous n'êtes pas mes vrais parents ! »), de toute façon, il conteste tout signe d'appartenance à sa famille, et pour clore le tout, on ne sait jamais comment le « prendre » sans qu'il donne au mot lui-même une connotation obscène et répugnante.

Plaire aux pairs

La négociation autour du look est parfois rude avec les parents, mais l'épreuve suivante est plus compliquée à réussir encore. La tenue que l'ado porte doit passer l'examen minutieux des copains qui ne négligent aucun détail. Tous les matins, c'est un véritable examen de la tête aux pieds qu'affronte chaque nouvel arrivant devant le collège ou le lycée. Un examen qu'il faut chaque fois réussir sous peine de passer une mauvaise journée. Vus par les adultes, les codes de reconnaissance paraissent complexes, mais ils sont en définitive relativement simples et, au départ, non verbaux. Un coup d'œil sur la tenue générale suffit à faire provision d'un maximum d'informations. Plus que le milieu social, transparaissent les goûts musicaux, les pratiques réelles ou supposées de consommation, les signes d'appartenance ou d'intérêt en regard de tel ou tel sous-groupe. Un peu plus tard, quand l'ado porte un nouveau vêtement qui fait l'unanimité dans son groupe, il peut y avoir quelqu'un pour lui dire « Génial, ton sweat ! ». Mais le plus souvent l'appréciation est indirecte. Personne ne dit « Ce truc que tu portes ne va pas du tout », mais plutôt « Tu as vu, les fringues d'Untel » avec un air et sur un ton qui en disent long. À chacun d'évaluer si sa propre tenue se rapproche ou non de celle d'Untel. Cet examen de passage est plus ou moins angoissant mais toujours préoccupant, car il faut convenir aux pairs pour ne pas être disqualifié par le groupe. Convenir ou plaire ? L'objectif est d'abord de s'assurer de ne pas déplaire. Lorsqu'il est atteint, l'ado peut améliorer son look en accentuant son genre, son esthétique, sa mise en valeur. Tout cela avec mesure et subtilité pour séduire sans paraître « trop » – l'adverbe qui tue ! Il faut plaire dans la conformité, tout un programme qui nécessite divers essayages. Un mélange subtil de beaucoup de ressemblances et d'un peu de différence. Si la forte tête peut pratiquement tout se permettre et même lancer une tendance, la plupart cherchent à se conformer aux standards du moment, de manière étonnamment appliquée, ce qui ne correspond pas du tout aux domaines sur lesquels les parents voudraient les voir porter leurs efforts !

Comment comprendre cette urgence de conformité exactement inverse à l'impérieuse nécessité de se distinguer des parents ? En se démarquant de ces derniers, l'ado règle en effet la question de la confusion – source d'angoisses et de tensions identitaires –, mais il se retrouve un peu seul et démuni, qui plus est avec un corps traître semblant se transformer pour son propre compte. Il doit donc se trouver un autre corps, un corps groupal celui-là, afin d'être moins confronté à lui-même. Encore un paradoxe ! Plus Narcisse que lui en apparence, c'est impossible à trouver, et le voilà dehors qui n'évolue que dans le regard de ses semblables, vérifiant constamment s'il leur est ou non conforme.

Cette adhérence aux pairs se fait en deux temps. Entre 13 et 16 ans, la fille s'associe d'abord à un « double narcissique » qui est la fameuse meilleure amie. Soit la copie conforme d'elle, soit au contraire l'opposée, tant sur le plan physique que de la personnalité. Et c'est à deux qu'elles vont élaborer leur look, s'essayer à diverses fantaisies et s'engager ensemble dans un groupe de pairs. Ce couple reste solide jusqu'à ce qu'elles aient davantage envie d'investir, chacune, les relations avec leur petit ami. Du côté des garçons, il peut y avoir aussi un meilleur ami, mais alors le duo s'affiche moins ostensiblement par crainte ou gêne de « faire couple » et d'essuyer les moqueries des camarades. Les garçons s'associent plus fréquemment à trois ou quatre, chacun ayant une facette propre, une sorte de spécialité, qui contribue à rendre l'association sinon brillante du moins intéressante. Et le trio ou le quatuor s'engage ensuite dans un groupe plus élargi. Dans tous les cas, filles et garçons ont besoin d'un groupe d'appartenance pour exister. Faute de trouver des étayages suffisants auprès des adultes, ils travaillent leur identité entre semblables et se choisissent ensemble des identifications communes. On comprend que dans une société de l'image et à l'âge où n'a d'importance que ce qui se voit, les modèles à prendre soient les jeunes stars à qui tout paraît réussir.

Tout semble se jouer dehors, à l'écart des adultes, et cela inquiète les parents. Hormis les professionnels du collège ou du lycée, sur qui compter pour que l'ado ne dépasse pas les bornes et ne devienne aussi rebelle que sa tenue le laisse penser ? Il est vrai que la désolidarisation éducative des adultes du corps social est un problème de société, mais ne soyons pas pessimistes outre mesure. La modernité bouleverse nos mentalités et nos modes de vie et nous devrons nous adapter aux changements en cours. D'autre part, les ados ne sont pas tant que ça livrés à eux-mêmes car, malgré ce qu'ils disent, ils s'imprègnent des valeurs de leurs parents. D'ailleurs, s'ils les critiquent de manière aussi incisive, c'est bien qu'ils les ont en partie intégrées malgré eux ! Retenons que les choses se passent généralement bien lorsque l'ado n'est pas trop fragilisé par son entrée en adolescence. Le vieil adage « Qui se ressemble s'assemble » fonctionne, l'ado se trouve des amis à son image et, contrairement à ce que croient les parents, s'il en fréquente quelques-uns qui font « mauvais genre », c'est davantage le look que les pratiques qui leur donne cette allure. Il n'est pas rare non plus qu'un groupe d'ados recèle un ou deux individus estimés peu fréquentables par les adultes – selon qu'ils sont jugés mauvais élèves, accoutrés comme l'as de pique ou nantis de parents trop permissifs. Attention à ne pas tomber dans le « délit de sale gueule » ! Influençables, certes, les ados le sont, mais ils sont capables de côtoyer quelques énergumènes par provocation ou pour éprouver les frissons de la transgression, sans pour autant se laisser entraîner à des actes délictueux. N'oublions pas qu'apparaître trop propre, trop sage, trop rangé, c'est demeurer le « petit » des parents, et ça, c'est insupportable. Parmi les ados que le nôtre fréquente, ceux que nous considérons comme des énergumènes (et qui le sont peut-être réellement d'ailleurs) lui servent souvent de repères... pour savoir jusqu'où ne pas aller.

Il y a des soucis à se faire lorsque l'ado ne fréquente que des semblables qui à l'évidence se déchirent, au propre et au figuré. Il faut alors avoir le courage de se rappeler l'adage « Qui se ressemble s'assemble » pour admettre, même si on ne comprend pas encore pourquoi, que notre ado est lui-même déchiré. Comme nous le verrons, les jeunes marginaux, ceux qui constituent des sous-groupes radicaux (gothiques, scarifiés...), sont les plus en souffrance identitaire et leur assemblage tient de l'étayage de fortune (voir chapitre 5). Mais, à l'inverse, il faut également s'inquiéter lorsque l'ado semble ne se soucier ni de son look ni de son isolement par rapport à ses pairs. L'ado isolé, esseulé, ne partageant rien avec les autres est un ado en souffrance, même s'il prétend le contraire. Les raisons peuvent être multiples, mais elles sont toutes à prendre en considération : le laisse-t-on adopter un look conforme à celui des autres ? Connaît-il une puberté tardive qui le marginalise ? Son apparence physique (taille, surpoids, maigreur) joue-t-elle un rôle de repoussoir ? Se démarque-t-il des autres parce qu'il est fragilisé par des événements familiaux, des traumatismes ? Développe-t-il des troubles psychologiques ?

N'avez-vous pas remarqué que, tandis que l'ado ne cesse de nous contester, de nous trouver nuls, de vouloir se démarquer de nous – en tant que ses propres parents –, il se montre en revanche particulièrement indulgent et ouvert à l'endroit des parents de ses amis ? Eux ont presque tout pour plaire. Ils ont encore l'air jeunes, ils ont l'esprit ouvert, ils laissent leur ado porter ce qu'il veut ! Ils peuvent même se révéler « carrément géniaux » dès lors que notre ado ressent de la reconnaissance de leur part, un peu d'affection, de l'attention non intrusive. Bref, c'est toujours mieux ailleurs... Voilà qui remonte le moral, on n'est pas nul pour tout le monde ! En tout cas, il faut savoir qu'en traitant bien les amis de notre ado, l'estime que ce dernier a de nous ne peut qu'augmenter. Au contraire, critiquer le look et les attitudes de ses semblables... revient à le critiquer lui, à lui assener une nouvelle fois qu'il est dans l'erreur, qu'on ne peut pas lui faire confiance, que ses choix et ses investissements sont toujours mauvais. En tant que parents, ce que l'on doit plutôt chercher à apprécier, c'est, d'une part, si le look de notre ado semble conforme ou non à celui du plus grand nombre et, d'autre part, si cette conformité comporte également une dimension esthétique – pas en fonction de nos goûts à nous bien sûr, mais en regard des tendances de la planète ado. Lorsque c'est le cas, même si quelques fantaisies s'ajoutent pour briller davantage, notre ado est peut-être l'otage de la société de consommation mais il ne semble pas mal avec ses semblables. Il ne va pas mal tout court, serait-on tenté de dire, tant à cet âge l'apparence fait le moi. Lorsque ce n'est pas le cas et que l'ado est soit isolé soit incorporé dans un sous-groupe radical, il faut s'interroger à propos de sa fragilité identitaire. Le problème n'est peut-être pas aussi grave qu'il y paraît, mais il faut raisonnablement s'en inquiéter, en parler avec l'ado et, si besoin, se tourner vers une aide extérieure.

Port d'armes obligatoire : les marques

Ils trouvent les vêtements que nous voudrions les voir mettre généralement nuls. Et même s'ils leur conviennent, parce qu'ils sont dûment estampillés de leurs marques préférées, ils les portent à leur façon, c'est-à-dire défaits, dépareillés, ou à contre-emploi, voire carrément troués ou déchirés. On ne comprend pas tout ? C'est normal, c'est fait pour ! Les parents n'ont en effet accès qu'au premier code déterminant : la marque commerciale. De fait, consommateurs de la première heure, les ados interprètent au pied de la lettre le besoin de trouver leurs propres marques au travers du jeu des étiquettes. Tel sweat, tel jean, tel sac à dos, telle paire de chaussures, tel bonnet doit afficher une marque bien précise dont le nom, le logo et plus encore aujourd'hui la coupe, le design sont immédiatement identifiables et reconnus comme ce qui se fait de mieux en la matière. Supposé de qualité par les parents, vu son prix, le vêtement ou l'accessoire ainsi consacré l'est par des arcanes qui ne relèvent pas tous des efforts publicitaires du fabricant. Ils comptent beaucoup, bien sûr, mais la formule est complexe et changeante, échappant parfois à la vigilance des diffuseurs, à base de stars « porteuses », d'affichages autoproclamés sur Internet, d'évocations plus ou moins liées à un jeu vidéo, à une série télévisée, etc.

Plus encore que les marques vestimentaires, les marques corporelles sont choisies en fonction de qui les portent, à l'écran... ou dans l'entourage immédiat. Il y a des groupes et des sous-groupes d'appartenance, chacun se caractérisant par des insignes propres qui ont pour dénominateur commun d'incarner la rébellion, la transgression, la célébrité et l'aisance. L'« uniforme » ainsi adopté constitue une seconde peau collective qui est ensuite peaufinée par chaque ado, pour se singulariser. D'abord vis-à-vis des parents, car cette seconde peau, ils la veulent bien à eux, avec le maximum d'empreintes indépendantes – comprenons non soumises aux goûts parentaux. Ensuite vis-à-vis des pairs pour faire montre d'originalité et se mettre en valeur sans toutefois trop se démarquer par peur d'être rejeté. C'est ainsi qu'un piercing ou un tatouage peut être envisagé comme une touche personnelle supplémentaire pour imprimer sur le corps sa marque à soi. A priori d'accord ou pas d'accord, les parents ont besoin, comme nous le verrons plus loin, d'en savoir davantage sur ces pratiques en expansion (voir chapitre 3).

Le look n'a jamais été aussi présent et impose une forme

de dictature. L'ado doit être conforme aux codes du groupe auquel il appartient, il n'a pas vraiment le choix. À moins d'avoir une personnalité en béton armé et d'être prêt à affronter les moqueries, il ne peut pas s'en écarter. Il lui faut donc « de la marque » pour faire corps avec ses pairs, sous peine d'être exclu, satellisé. Et cela coûte cher ! D'autre part, les étiquettes ne suffisent pas, comptent aussi beaucoup l'art et la manière de composer son look. L'arrivée au collège ou au lycée est, on l'a vu, un passage quotidien et obligé devant le jury des pairs. C'est en tout cas ce qu'imagine l'ado qui se sent toujours observé, examiné, détaillé. Pour passer avec succès cette épreuve, sa tenue ne doit pas seulement être conforme, elle doit paraître spontanée, décontractée, pas trop « marquée »..., ce qui nécessite nombre d'essais préparatoires et explique le temps qu'il passe chaque matin dans la salle de bain. Plus l'ado se sent fragile et vulnérable, plus il est tenté d'intégrer un sous-groupe dont les codes représentent des exigences draconiennes à la mesure des difficultés identitaires qui les convoquent. Il lui faudra alors assumer et l'opinion de ses parents et l'avis de ses camarades, ce qui engendre beaucoup de pressions et de tiraillements. Quant aux marques corporelles, même discrètes et esthétiques, elles ne soulèvent généralement pas l'enthousiasme des parents qui voient davantage les risques potentiels (infection, caractère indélébile, jugement négatif par les autres adultes) que les avantages.

Qu'on le déplore ou non, le look est capital pour les ados qui sont – bien plus que leurs parents ne l'ont été à leur âge – des enfants de l'image, nés avec la révolution numérique. C'est donc peine perdue de vouloir les dissuader de cultiver leur look et de les convaincre de ne plus avoir recours, pour cela, aux marques. Les conseils sur l'air de « Cette tenue te va mieux au teint » sont mal venus. Quant aux critiques, elles sont aussi irritantes que du poil à gratter, et les moqueries toujours susceptibles de dégénérer.

Un point reste crucial : celui de l'argent investi dans le look. « Il faut de la thune pour avoir de la marque ! » comme le disent les ados eux-mêmes. Lorsqu'on sait que le prix d'une tenue ado complète peut équivaloir au SMIC mensuel, on comprend que la plupart des parents, même s'ils en ont les moyens, trouvent indécente l'attitude consistant à alimenter l'argent du look comme s'il tombait du ciel. Alors que faire ? Sûrement pas avoir la fausse bonne idée de geler l'argent de poche qui acculerait l'ado à s'en procurer de manière illicite, par le vol, le racket ou la vente de cannabis ! Le mieux est de définir un budget et d'examiner avec l'ado comment il est possible de le boucler, en tenant compte, en sus de l'argent de poche qui doit aussi servir à autre chose, des étrennes et des extras produits par des petits travaux ménagers. Il n'est pas question de céder à tous ses caprices mais de montrer que l'on est sensible à ses besoins, à condition que l'on puisse en parler. Concernant les marques corporelles, mieux vaut clairement énoncer ses préjugés de parents, évoquer les risques que l'on craint, bref en discuter avec l'ado... et, pourquoi pas, aller voir avec lui de plus près ce qu'il envisagerait de se faire poser. Vestimentaires ou corporelles, les marques ont aussi pour fonction d'obliger les autres (et donc également les parents) à manifester sinon de l'attention, du moins de l'intérêt.

Des looks et des couleurs...

Le prêt-à-porter ado a ses modèles dont certains sont de très haute couture. Et comme la mode, le look ado change à très grande vitesse. Mondialisation oblige, l'anglicisme est de rigueur pour nommer le style (prononcez « staïl ») concerné. La plupart des ados s'en inspirent sans pour autant tomber dans la copie conforme, quitte à mélanger les genres et les emprunts pour se faire un look vintage. En voici quelques exemplaires.

Le look gothique

Tendance « noir c'est noir, il n'y a plus d'espoir » ! Les gothiques s'apprêtent en noir dans un style sophistiqué et macabre : capes, dentelles, mitaines... avec pendentifs assortis (croix, têtes de mort). Bracelets à pics, colliers de doberman, piercings variés complètent la tenue. Le maquillage ? Façon Dracula ou famille Adams, yeux et lèvres archi-soulignés, teint blafard et chevelure de jais ébouriffée... ou carrément rasée. Le clou ? Sur la langue, évidemment ! L'idéal est d'avoir l'air de sortir d'un film de vampire ou du cimetière le plus proche. Le tout est résolument néo-romantique.

Message : malgré les apparences, les gothiques sont idéalistes, sensibles et nostalgiques. La solitude, la nuit, la tristesse, la souffrance, *leur* souffrance, les fascinent. Ils transforment leur vague à l'âme en romantisme morbide. Et lorsqu'ils s'en prennent à quelqu'un, c'est plutôt à eux-mêmes.

Le look satanique

Rare mais marquant, c'est le « look d'enfer » par

excellence ! Les sataniques sont en général d'ex-gothiques qui en rajoutent dans le genre effrayant. Le noir flirte ici avec le rouge et, surtout, avec les amulettes et bijoux dédiés à Satan : pentacles, étoiles à six branches, bracelets à pointes, croix renversées. Piercings et tatouages sont souvent très agressifs.

Message : attention, gothiques et sataniques ne sont pas fondus dans le même métal ! Les premiers sont romantiques et rêveurs, tandis que les seconds peuvent faire des messes noires et se montrer violents, transgresser interdits et tabous. Le choix est « clair » : se mettre délibérément du côté obscur !

Le look lolita

Côté fille et *baby doll* en forme de joli bonbon acidulé, pourquoi pas franchement rose ! Les lolitas sont de très jeunes filles qui jouent à fond le sexy faussement naïf... Encore « petites » mais vraiment allumeuses, elles aiment le strass, les paillettes, les tops minimalistes et les accessoires ludico-régressifs. Si elles portent un jean, il est de marque, plutôt moulant, et si l'élastique de la culotte ou du string dépasse légèrement, ce n'est pas un pur hasard.

Message : envie de séduire, c'est certain, mais sans tomber dans la vulgarité. Les lolitas prétendent se faire seulement déguster des yeux. Elles agacent généralement les autres filles... et les garçons un peu affranchis, comme les friandises trop sucrées agacent les dents !

Le look bimbo

Tendance « bombe » à réveiller un mort ! Les bimbos sont ultra-féminines et perchées sur des hauts talons ou des semelles compensées. Elles misent sur la provoc à la limite de l'indécence. Moulées de haut en bas, maquillées à l'excès, elles exhibent leurs formes avantageuses, plaisent aux garçons... et le savent.

Message : pourquoi ne pas jouer à l'objet de désir ? Le problème, c'est que trop c'est trop ! Les garçons sont séduits, mais souvent frustrés, alors ils les traitent de « pouff ».

Le look skater

Surtout masculin et un tantinet macho, il se caractérise par une taille : le XXL ! Le sweat avec capuche est super-ample, le baggy tombe sous les hanches et dévoile un caleçon *fun*. Aux pieds ? Des baskets à grosses languettes évidemment délacées. Les casquettes sont bienvenues et la planche, le *board*, de rigueur. Une version *trashy* est disponible avec sweat et jean en lambeaux.

Message : c'est la « glisse attitude » incarnant l'aisance, la fluidité. Rollers, skaters et surfers sont surtout urbains et mènent le même combat : ils cherchent la « figure » ou le spot du siècle.

Le look rappeur

Hip hop... hourra ! Casquette, survêtement, baggy et baskets forment la panoplie de base ! Il faut que ça brille : marques affichées, accessoires clinquants ! Un degré de plus... et c'est le look « racaille » aux bas de jogging enfoncés dans les chaussettes, et dont les marques sont assorties au fameux crocodile qui reste incontournable.

Message : on est de la banlieue, on le revendique et on imprime une néo-culture qui n'a rien à envier à celle des beaux quartiers ! D'ailleurs, le rap et le tag ont leur lot d'artistes consacrés.

Le look ethnique

Tendance « hippie chic » et « baba cool » soignée. Tuniques indiennes, tissus imprimés et bijoux africains permettent de jouer la décontraction léchée, sur des pantalons « pattes d'éph' » de préférence. Aux pieds, des tongs bariolées ou des mules. Vrais et faux piercings ou tatouages ethniques sont prisés.

Message : la planète ado est multiculturelle... et nostalgique de n'avoir pas connu les grands mouvements des années « Peace and Love ».

Le look tofer

La pratique, c'est la « teuf », la fête techno jusqu'au bout de la nuit dans une *rave*. L'endroit improbable de la *free-party* (rase campagne ou usine désaffectée) oblige à porter des tenues adaptées : treillis militaire ou baggy épais, sweat à capuche, bonnet... sont recommandés pour danser à l'aise et dormir (un peu) à la belle étoile. Un plus ? La casquette assortie de grelots ou d'accessoires marrants pour vibrer au rythme des *beats*.

Message : on veut s'éclater et on le fait savoir ! On laisse aussi entendre que l'on est affranchi côté « *pills & drugs* ».

Le look rasta

L'idole, c'est Bob Marley, et les références allient l'« herbe », les couleurs de l'Éthiopie – berceau des rastas (vert, jaune et rouge) – et le reggae ! Un savant mélange dans lequel la chevelure a beaucoup d'importance : tresses africaines, rajouts... et les fameuses dreadlocks (cheveux emmêlés, crêpés et entortillés formant de longues nattes pendantes non tressées).

Message : africanité et liberté ! La crinière de lion annonce le courage et l'orgueil, mais le fauve est calme, cool et branché.

Le look grunge

Passé de mode chez les grands, le style « crade » a encore des adeptes chez les plus jeunes. Unisexe, il repose sur des vêtements en loques, troués, déchirés. La tenue doit être négligée et la chevelure d'allure poisseuse, quitte à la bricoler avec du gel pour obtenir l'« effet mouillé ».

Message : à bas la société de consommation... et ses propres origines, souvent aisées !

Le look punk

C'est un résistant qui a la peau dure. On se souvient des crêtes d'Iroquois, des couleurs capillaires détonantes et de l'attirail métallique, épingles à nourrice comprises ! Les versions modernes jouent plutôt le mélange punk-gothique. L'essentiel ? Le métal, sous toutes ses formes.

Message : on est en marge et désabusés (« *No future* »). Hérissés aussi, attention, pas touche !

L'AUTONOMIE DANS L'APPARENCE

L'indépendance est une richesse dont les ados sont dépourvus. Dépendants, ils le sont durablement et les espaces d'évolution que nous leur concédons sont davantage virtuels que réels. Où trouvent-ils des chemins de traverse ? Sur Internet, où ils « chattent » des heures, et *via* la téléphonie mobile alliant appels et textos, un véritable réseau souterrain... lui-même alimenté, contenu, orienté par d'autres chaînes – elles adultes et professionnelles – appartenant à l'empire audiovisuel. En surface, sur la terre ferme, il y a les allées et venues du quotidien... et les « sorties », pour se retrouver en vrai entre pairs. Comment inspirer l'autonomie, la liberté d'action ? En se donnant « des airs », à défaut d'être sans entraves.

Avoir l'air cool... Rester branché

On peut avoir un look et pas de style. Le style est une manière personnelle de s'inscrire dans son look, de s'affirmer. La note personnelle qui rend son apparence et sa façon d'évoluer – bien que très étudiées – presque naturelles. L'ado compose savamment sa présentation en associant à une tenue des postures et des attitudes qui la mettent en valeur, l'atténuent ou provoquent un contraste, selon les circonstances. Sachons quand même qu'il ne maîtrise pas tout, contrairement à ce qu'il voudrait... et parfois à ce qu'il croit ! Il aime évidemment séduire, comme on va le voir plus loin, mais ce qui est urgent, c'est d'avoir l'air cool et de se sentir à l'aise. Issu du vocabulaire du jazz par opposition à *hot*, « chaud », à propos d'une musique au tempo plus calme, plus lent, voire paresseux, le mot « cool » est aujourd'hui opposé à *speed* qui exprime la vitesse, l'accélération, la précipitation. « Avoir l'air cool », c'est donner l'impression d'être détendu, calme, non crispé et, par extension, indiquer que l'on ne cherche pas les ennuis, que l'on est tolérant. Bref, à l'heure des grands remaniements, témoigner d'une telle maîtrise est évidemment un must. L'ado s'emploie donc à se faire « un look cool » et il est amusant de constater que les deux mots sont en miroir puisque le verlan de cool donnerait look ! Il est d'ailleurs probable que joue à plein la résonance du mot elle-même, évoquant la souplesse, la grâce et la légèreté des gestes coulés, la facilité, le naturel (« qui coule de source »), la décontraction, l'absence de complications, la « branchitude » (« être à la coule »), voire le laisser-aller (« se la couler douce »). On comprend le succès du hip-hop et des sports de glisse ! On ne peut également s'empêcher de penser à la désinvolture de l'ado à la maison et à ses poses avachies devant la télé ! Du corps à l'esprit, pouvoir glisser, planer, se (re) lâcher représente pour lui un modèle de décontraction. Et lorsqu'il se compose un air « cool branché » d'inspiration reggae, avec casquette ou bonnet sur les yeux, dreadlocks en bataille, T-shirt à slogan libertaire, feuille de cannabis en pendentif et paquet de feuilles de papier à rouler négligemment sorti du pantalon..., il laisse ostensiblement penser qu'il n'est pas cool pour rien et qu'il connaît de près l'usage des substances psychoactives.

Se sentir à l'aise est une autre priorité. C'est d'abord une question de confort, ce qui ne doit pas surprendre puisque l'ado d'aujourd'hui y est habitué depuis toujours, ce qui n'a pas été le cas des générations précédentes. En souvenir du cocon familial, et après avoir tout fait pour s'en dégager, l'ado nous offre un nouveau paradoxe : il tranche avec ses parents, mais il garde la nostalgie de la ouate et du duvet, comme celle des doudous de la petite enfance. Et tandis que le cocon l'enserrait, le voilà qui se dote au contraire d'enveloppes douces et amples dans lesquelles il se sent bien. L'adoption été comme hiver de la fameuse « doudoune » (vous avez entendu doudou ?) en est une illustration. Il déteste les vêtements qui irritent ou qui grattent, d'autant qu'il est souvent, nous l'avons vu, allergique, et privilégie les tenues de jogging ou de battle-dress (avec capuche), de même que les T-shirts et les sweats de longueurs différentes laissées délibérément visibles, qu'il superpose les uns sur les autres.

L'aisance n'est pas que confort. Les garçons affectionnent les tenues amples, non seulement parce qu'ils aiment bouger mais aussi parce qu'elles leur confèrent plus d'épaisseur, plus de volume, donc plus d'importance, à condition toutefois de ne pas leur donner « l'air gros ». L'aspect pratique leur fait préférer les vêtements munis de nombreuses poches ; l'aspect esthétique, les pantalons trop longs se terminant en accordéon sur les chaussures, pour donner à l'allure une tonalité désinvolte. Les pantalons baggy sont prisés car la coupe basse et l'ampleur de la taille les font descendre sur les hanches, laissant apparaître une partie du caleçon. Pour finir, les chaussures se portent délacées pour mieux souligner que l'on évolue sans entraves ni attaches, sans savoir que cette tendance venue d'outre-Atlantique s'inspire de celle... des tenues de prisonniers (voir encadré).

Les chaussures : ne pas perdre pied

« Être bien dans ses baskets » est une préoccupation constante des ados. On le sait, l'expression signifie « être bien dans sa peau », ce qui va au-delà de la seule aisance physique. Opposée à « être à côté de ses pompes », elle est également matérialisée par les ados dans toute sa littéralité. Leur look ne saurait se concevoir sans une attention soucieuse pour ce qu'ils portent aux pieds. Bien se chausser, c'est pour les ados satisfaire au principe de finition du look. Il s'agit de s'habiller et de se parer de la tête aux pieds en y mettant d'ailleurs le prix, en l'occurrence le prix fort puisque les chaussures pour ados peuvent coûter des sommes considérables et, de ce fait, apporter une contribution déterminante à l'allure aisée. Ce besoin peut mettre en difficulté les parents et amener les adolescents à y engloutir toutes leurs économies.

Les garçons apprécient les baskets et les modèles de sport techniques, ceux qui donnent un aspect guerrier, ceux encore qui participent de l'esprit aventurier, en conformité avec l'engouement moderne et viril pour les raids de l'extrême, l'urbanité se vivant comme une jungle où il faut tracer sa route. Le succès des sneakers (le terme américain pour chaussures de sport) en atteste. Mais qui parmi les ados d'aujourd'hui sait que ces chaussures ont été adoptées à partir de la fin des années 1970, entre Bronx et Harlem, par de jeunes Noirs amateurs de basket et en train d'inventer le hip-hop ? Savent-ils aussi que les baskets ont commencé à se porter sans lacets (et les pantalons sans ceinture), en hommage aux détenus à qui on enlevait l'un et l'autre en prison ?

Les filles affectionnent les chaussures à semelles compensées permettant de gagner de la hauteur pour allonger leur silhouette et amincir leurs formes. Elles peuvent aussi rivaliser avec les garçons et se donner ostensiblement des attitudes masculines, en portant aux pieds des modèles qui contrastent avec le reste de la tenue, éventuellement un peu provocante.

L'ambiguïté entre les sexes se joue subtilement à travers le port de chaussures presque identiques qui ne se distinguent que par tel ou tel détail (couleur, présence d'un signe, d'une inscription), par exemple une bordure rose ou un cœur sur les modèles féminins. Il s'agit aussi pour les filles d'éviter de s'afficher avec des chaussures trop féminines, car porter des escarpins risquerait de les faire passer pour des « créatures faciles ».

L'attrait pour les grosses chaussures mérite une attention particulière. Non seulement celles-ci sont volumineuses et voyantes, mais elles contrastent de manière saisissante avec celles des adultes. Elles soulignent un fort besoin d'ancrage et de consolidation des assises, au moment où les repères vacillent et où le champ des possibles ouvre des perspectives vertigineuses. Les grosses chaussures sont adaptées aux terrains glissants et accidentés, au propre et au figuré. Elles se révèlent nécessaires sinon à la pratique effective des sports urbains, du moins à la confection de certains looks. Elles véhiculent enfin l'idée de puissance, de force, à l'âge où l'on doute de ses potentialités.

Les filles ne détestent pas avoir des allures de garçon manqué, mais elles préfèrent quand même les vêtements qui les amincissent, allongent leur silhouette et mettent en valeur leurs attributs féminins. Petits hauts et pantalons se portent très près du corps pour mouler les formes... et la doudoune est là pour se couvrir et jouer au jeu du montré-caché.

Être à l'aise, c'est encore pouvoir être libre de ses mouvements et afficher son autonomie. Le port du sac à dos – attribut « ado » par excellence, jusque dans sa résonance – est à cet égard exemplaire. Il apparente les ados à de véritables sherpas transportant sur eux tout le nécessaire à leur évolution. À l'aise dans leurs gestes, ils s'incarnent ainsi en explorateurs ou en pisteurs, choisissant de tracer leur sillage dans la jungle urbaine – à l'instar de leurs parents, nombreux à y circuler en 4 × 4 – plutôt que de se donner l'allure soumise de fonctionnaires en herbe. Tandis que les garçons en font un indispensable appoint utilitaire pour gagner de l'autonomie, les filles s'en servent aussi de « cache-fesses » lorsque les vêtements sont trop moulants. Filles et garçons, les mains libres, peuvent ainsi utiliser leur portable, manipuler leur baladeur, en somme rester branchés en permanence, ce qui est encore paradoxal pour des ados s'acharnant à couper le cordon parental et à s'affirmer libres !

Se sentir à l'aise, c'est également pouvoir « se fondre dans la masse » lorsque les circonstances l'obligent. La tenue « camouflage » donne le ton, tandis que le total look en noir offre le triple avantage d'amincir, de jouer la discrétion et d'apporter une touche mystérieuse. Quoi qu'il en soit, il y a une façon de s'habiller pour aller au collège ou au lycée, une autre pour sortir. Chez les filles, les pantalons sont de rigueur lorsqu'elles ne veulent pas avoir à se préoccuper de leur manière de se tenir. Les jupes sont généralement réservées aux sorties et les robes se portent l'été ou, fait rarissime, pour faire plaisir aux parents lors de certaines manifestations familiales. Mais les inconvénients de ces tenues trop exposantes peuvent être contournés : en portant la jupe sur un pantalon ou, par exemple, en adoptant le look « skate hippie » qui consiste à passer une robe fantaisie sur une tenue baggy.

Inspirer l'aisance matérielle à travers le port d'effets et parures réputés coûteux est enfin souvent recherché. Il s'agit d'avoir l'air aisé pour être respecté et envié. Même si la tenue reflète beaucoup moins qu'auparavant l'appartenance à une catégorie socio-économique donnée, il n'en demeure pas moins que les représentations de cette aisance restent associées aux conditions de vie et constituent des marqueurs sociaux. L'aisance « racaille » renvoie par exemple à la vie en banlieue, c'est-à-dire là où résident les populations les plus défavorisées. Les jeunes en connaissent les codes et les attributs, cherchent à s'en démarquer ou, au contraire, les adoptent en réaction à leur propre milieu.

Pourquoi les ados tiennent-ils tant à avoir l'air détendus ? Plusieurs explications à cela. Il s'agit d'abord de se montrer différents des parents et des adultes en général stressés par le travail et l'inquiétude sociale. Les jeunes perçoivent que ce stress ne semble pas aider les adultes à modifier le monde extérieur et donc à mieux vivre. Bien au contraire, leurs préoccupations paraissent les rendre irritables, exigeants, impatients et sont la source de tensions familiales dont les adolescents estiment faire souvent les frais. Ensuite, parents et adultes exercent sur les ados une pression fréquemment ressentie comme exagérée ou étouffante : bien travailler à l'école, faire des efforts, renoncer aux bêtises, ne pas rester oisif, s'intéresser à des activités profitables, songer à son avenir, obéir aux desiderata parentaux. En somme, il faudrait qu'ils se tiennent tranquilles et c'est ce que réalisent les jeunes d'une manière subversive en affichant une allure cool. Enfin, paraître détendu est une façon de se cacher, de ne pas montrer son inquiétude face aux autres. Plus de 60 % des jeunes se disent souvent « nerveux », proportion qui a doublé en sept ans [1]. Quand ils se disent cool ou zen, c'est souvent pour conjurer un sentiment de nervosité très profond. D'ailleurs, l'usage du cannabis équivaut pour certains à prendre un calmant. Au fond, ce qu'il faut comprendre, c'est que leur « tenue » – dans tous les sens du terme – est hautement révélatrice à la fois de leurs craintes et des moyens de s'y soustraire. Les paradoxes que nous pointons régulièrement en attestent : ils s'affichent libres et dégagés... à la mesure de leur trop grande dépendance, puis restent branchés entre eux pour ne pas se retrouver seuls et démunis ; ils veulent être à l'aise... en regard des petits et grands malaises liés à la métamorphose pubertaire ; ils se montrent désinvoltes... en proportion de leur anxiété. Et ce qu'il faut retenir, c'est que ceux qui radicalisent à l'excès leur look, leurs postures et leurs attitudes sont ceux qui sont en difficulté, en souffrance.

Plutôt que de lui répéter sur tous les tons de bien se tenir,

1. M. Choquet, X. Pommereau, C. Lagadic, *Les Élèves à l'infirmerie scolaire : identification et orientation des jeunes à haut risque suicidaire*, Paris, éd. Inserm, 2001.

de faire des efforts, de cesser d'être avachi, les parents doivent avoir conscience que si l'ado étudie tant le « dégagement » de son look et de son allure, c'est qu'il s'agit d'un travail nécessaire qui ne dit pas son nom. Outre sa dépendance qui justement le travaille, l'ado est aujourd'hui plus stressé qu'auparavant. Son confort matériel s'est considérablement amélioré par rapport aux générations précédentes, mais la société du sujet le laisse bien seul pour se projeter dans l'avenir. La pression est forte, la compétition fait rage et le stress augmente. D'autre part, l'adolescence fatigue... en premier lieu l'ado lui-même ; et les rythmes scolaires (déplacements compris) auxquels il est soumis l'obligent à se ménager des pauses qui ne doivent pas être assimilées à de la simple nonchalance. Tant que l'ado cherche à paraître cool et à l'aise, mais qu'il se mobilise pour des activités de son choix et de son âge, les parents ne doivent pas être trop inquiets, surtout s'il maintient une scolarité correcte. En revanche, s'il désinvestit tout et se coupe même de ses pairs, c'est que ses ressources méritent d'être évaluées.

Filles et garçons, quelles différences ?

Le look des ados est loin d'être unisexe ; il est même parfois sexiste. Les garçons privilégient les tenues décontractées et sportives. Ils s'efforcent d'éviter toute ambiguïté (avoir l'air d'une fille est intolérable), exagérant certaines attitudes jusqu'à la caricature machiste. Les filles, elles, jouent sur tous les tableaux, passent d'un registre à l'autre et surtout les mélangent savamment. Elles peuvent masculiniser leur tenue par le port de chaussures, de pantalons ou de survêtements, tout en exprimant leur féminité à travers les décolletés, la coiffure ou le maquillage. Les plus parées « jouent à la poupée » à travers leurs propres effets et sont appelées « lolitas » ou « bimbos ». Les jeunes filles affectionnent les textures transparentes (suffisamment discrètes pour n'affoler ni les professeurs ni les parents), mais assez flashy – comprendre brillantes, nacrées, irisées – pour faire effet dans la cour de récréation. Elles aiment aussi les paillettes qui évoquent deux univers : celui, subversif, de la fête, des boîtes de nuit, et celui, romantique et attendrissant, du conte de fées. Elles raffolent des détails « ludico-régressifs » (parfum bubble-gum, emballages amusants du type tube de peinture), des mini-produits mignons et peu chers. Elles distinguent cependant nettement les tenues de sortie (plus féminines et éventuellement plus provocantes) et celles, plus contenues, de la vie scolaire pour éviter de trop s'exposer. Quoi qu'il en soit, le collège tend à voir s'uniformiser le « look ado » et, avec lui, les pratiques qui lui sont liées. Les « petits de sixième » s'efforcent de ressembler aux « grands de troisième », ce qui ne va pas sans poser de problèmes de vols de vêtements, de racket, de violence ou d'usage de substances psychoactives, les plus jeunes étant soumis aux pressions de leurs aînés. Pour les « petits », l'aspiration à être traités « comme des grands » contribue à la précocité de leurs essais et, ce faisant, les confronte sinon à des dangers, du moins à des risques de malentendu ou de confusion.

Apparaître sexy est une autre composante indispensable du look. Certes, ils apprécient le confort vestimentaire pour se sentir à l'aise. Certes encore, les tenues amples peuvent servir, on l'a vu, à masquer les formes. Mais la nouveauté, c'est la précocité et l'insistance que manifestent les ados à se mettre en valeur pour plaire. La modernité fait de la jeunesse une carte maîtresse que les adultes s'efforcent de conserver le plus longtemps possible, quitte à effacer par tous les moyens les outrages du vieillissement. Aujourd'hui, pour être performant, il faut avoir l'air alerte (même si on est fatigué), séduisant (même si on n'a pas été gâté par la nature), entreprenant (même si on n'est pas favorisé), insouciant (même si on a des soucis), d'humeur égale (malgré des événements perturbateurs). La maladresse et l'hésitation – a fortiori le handicap – sont des injures faites aux possibilités de tout un chacun et, d'ailleurs, il est infamant d'être traité de « débile », mot dont on oublie qu'il signifie d'abord « faible ». Dans un tel contexte, les ados abandonnent les gaucheries à leurs aînés et veulent « faire valoir » leurs atours pour être à la fois attirants et audacieux. Ce faisant, ils ne mesurent pas toujours les risques qu'ils encourent à devenir sexy avant l'heure et à évoluer dans le flou des générations. C'est peut-être pour s'en préserver qu'ils conservent à leurs côtés les objets reliques de la prime enfance et qu'ils choisissent pour modèles les figures extrafamiliales des stars.

Pour être sexy, les filles doivent se composer un look qui met en valeur certaines parties du corps sans tomber dans la vulgarité considérée comme rédhibitoire. La coiffure annonce la couleur, pourrait-on dire, avec sa coupe, son méchage et ses éventuels ajouts (voir encadré). Le maquillage reste discret en dehors des manifestations festives. Il fait appel à des produits classiques tels que le fard à paupières, le khôl, le mascara, le fond de teint et la poudre cachant boutons et imperfections, etc., ainsi qu'à des produits moins classiques, comme le brillant à lèvres et les paillettes. Les vernis à ongles sont volontiers surprenants, nacrés et colorés comme des bonbons. Les filles affichent négligemment, quoique de façon très étudiée, les bretelles de leur soutien-gorge et la ceinture de leur culotte (ou de leur string) révélée par les pantalons taille basse. Les fesses sont moulées et le ventre se dévoile pour exhiber le nombril, tandis que les petits hauts et les débardeurs exposent un peu la poitrine. Les colifichets amusants et colorés complètent la tenue en apportant une note pétillante. Les parfums féminins sont généralement fruités, comme si les jeunes filles cherchaient à être aussi appétissantes que des friandises. Les postures et les mouvements doivent être à la fois souples et sensuels, farouches et un peu provocants. Doudoune, pull large, sac à dos, grosses chaussures, etc., servent à tempérer les effets produits en fonction des circonstances.

La chevelure : allumer la mèche ou non ?

Son intérêt majeur, c'est d'offrir un champ d'expressions variées très faciles à obtenir et dont les conséquences sont rarement irréversibles, même si certaines colorations peuvent abîmer les cheveux. D'autre part, on ne peut que remarquer la chevelure au premier coup d'œil, puisqu'elle encadre le visage. Bien plus, elle est foisonnante, luxuriante chez les ados... tandis qu'elle se raréfie et vieillit mal chez les adultes. Voilà donc un terrain de lutte où les ados ont l'avantage ! Ne dit-on pas, depuis la nuit des temps, que la force réside dans les cheveux ? Les ados vont donc s'employer à rendre la différence des générations encore plus criante en se coiffant à leur manière. Le problème est que nombre d'adultes cherchent à réduire l'écart en adoptant à ce niveau tous les « effets jeunes » possibles.

Les ados qui fuient toute « prise de tête » veulent donner à leur coiffure un aspect libre, gai, non conventionnel ou rebelle. Le gel capillaire permet aujourd'hui de la modeler – donc d'en contrôler les effets – en lui conférant une note floue, désordonnée ou hirsute, comme si elle était saisie au sortir du lit. Les garçons affectionnent particulièrement le façonnage de pics. Comment mieux restituer leur envie de s'éclater, tout autant que signifier leurs ressources explosives et avertir que les hérissons restent sur leurs gardes ? Ils peuvent aussi se tondre (au millimètre près) pour rompre avec l'ordre parental, devenir des « durs » exposant leur cuir (chevelu) et rejoindre ainsi les bagnards... ou certains sportifs. La coiffure peut, à l'inverse, être longue et méticuleusement tressée ou faite de dreadlocks façon rasta, pour accentuer l'exotisme auquel la détente et l'insouciance sont fortement associées. Chez les filles, l'éventuelle raie séparant les cheveux se porte en zigzag pour rompre avec la rigueur de la ligne droite. Leur coiffure est égayée par certaines coupes, la coloration de mèches plus ou moins flashy, l'usage de pinces, de barrettes, de chouchous, etc. Le recours aux rajouts peut aussi se révéler très utile pour la confection de tresses africaines.

Quelle que soit la forme donnée à la chevelure, celle-ci est traitée comme un indispensable accessoire du look, doublé d'un puissant levier de contestation.

Les garçons cultivent l'apparence nonchalante et la désinvolture. Mais sous l'allure décontractée doit se deviner une force vive. La coiffure « en pétard » signale de l'explosif dans l'air, ou bien se veut exotique et rebelle à la fois, tandis que les parfums choisis sont aussi ravageurs que les noms qu'ils portent (Rafale, Booster...). Les pantalons tombent sur les chaussures et laissent entrevoir délibérément, à la taille, une partie du caleçon. À défaut d'avoir déjà les bras et les ventres musclés (les fameuses « barres de chocolat » témoignant d'abdominaux en béton), les garçons gesticulent et parlent fort, font des prouesses et des figures de style sous le nez des filles. Adeptes de la glisse, du hip-hop ou de l'allure macho, ils doivent se montrer « craquants », c'est-à-dire amusants et rebelles, doux et violents à la fois, pour incarner aux yeux des filles sinon le « petit ami » potentiel du moins le meilleur ami, c'est-à-dire le double narcissique de l'autre sexe.

Bimbos et lolitas le disputent ainsi aux mecs machos... de quoi faire hurler les adultes qui ont été, à leur époque, à la pointe des combats féministes ! Enfin, tous les ados sont loin d'être aussi caricaturaux. Mais il est vrai que parmi les problèmes actuels auxquels sont confrontés les professionnels du collège, figure celui de définir les limites de l'attitude « décente » des élèves. L'excitation pubertaire, qui s'exprimait hier dans les jeux, les cris et les agitations des cours de récréation, se sexualise plus ouvertement aujourd'hui à travers les provocations voyantes du look et du flirt.

Nombre d'adultes interprètent de telles démonstrations en termes de moindre tolérance à la frustration et de plus grande précocité des accès, tant aux émois de la puberté qu'aux expositions audiovisuelles. Il est vrai que la société dite de consommation ne prône pas, par définition, la retenue. Il est non moins vrai que l'abaissement de l'âge de la puberté biologique est une réalité et que les enfants de l'écran sont exposés dès leur plus jeune âge aux images de la sexualité. Mais ces évidences n'expliquent pas tout. Contrairement à ce que croient beaucoup d'adultes, la majorité des jeunes ne se sentent pas prêts à faire l'amour avant l'âge de 17 ans, en moyenne, ce qui ne les distingue pas de la génération de leurs parents. S'ils connaissent le flirt un peu plus tôt qu'auparavant (vers 11-12 ans, de nos jours), les relations demeurent soigneusement contrôlées et graduées jusqu'à 15-16 ans. Il s'agit davantage de goûter aux différentes tonalités des sentiments humains que de chercher à avoir de véritables relations sexuelles. Les émotions ou les premières découvertes vécues jadis en famille à travers les rapports de cousinage sont aujourd'hui expérimentées entre pairs, de manière peut-être moins chaste mais tout aussi maîtrisée. Toutefois, dans une société où le couplage « possible/impossible » prévaut sur celui de l'« autorisé/interdit », ce n'est plus le sentiment de culpabilité qui constitue un frein puissant aux essais et expériences. Très informés sur la « chose [sexuelle] », les ados estiment normal que deux personnes qui s'aiment aient des relations sexuelles, à condition de « s'aimer vraiment » et d'« être fidèles ». Rien de bien nouveau, dans le fond. Le romantisme reste une valeur sûre, filles et garçons aspirent au grand amour et sont en quête de reconnaissance, de tendresse et d'affection. Les limites qu'ils se fixent sont surtout liées au fait de se sentir ou non « prêts », entendons capables ou non d'assumer les émotions et les sentiments forts auxquels l'amour et la sexualité aboutie sont associés. D'autre part, la crainte des maladies sexuellement transmissibles établit une limite qui modère la tentation de l'expérience par la nécessité de « protections » dont ils sont souvent plus convaincus que beaucoup d'adultes. Il n'est donc pas surprenant de voir les ados se livrer davantage au jeu des apparences et des images « sexuées » qu'aux véritables jeux sexuels. Il y aurait un leurre à les croire prêts, une illusion qui ne doit pas tromper sur la vraie nature de l'exposition. D'ailleurs, chez les filles, look et poses sexy commencent à s'observer dès l'école primaire, bien avant la sexualisation du corps et des liens.

Qu'en penser ? Se rappeler que le jeu de la séduction est d'autant plus excitant qu'il comporte des ambiguïtés. S'incarner comme objet de désir, même si les moyens déployés visent finalement « autre chose » que ce à quoi les adultes pensent de prime abord, c'est aussi jouer à la provocation. En oscillant d'une position à l'autre, les ados interrogent sans le savoir l'articulation « sujet-objet », mouvement permettant de mieux percevoir les relations entre l'agi et le subi. L'expérience comporte évidemment des risques... pour soi et pour les autres. Mais le risque est justement attirant, excitant. Moins naïfs et contenus par la morale que leurs aînés au même âge, les ados se livrent avec délice à un jeu de rôle qui leur permet de mettre à l'épreuve, bien avant d'en faire pleinement usage, les attributs convoquant dans le regard le désir sexuel. S'incarner « en images » suscitant des émotions et des sensations permet de tester ses charmes sans devoir les donner en pâture. Cela permet aussi de se projeter dans un monde d'expériences dont la virtualité rappelle celle des jeux vidéo, en même temps que l'on en capte des manières de faire que l'on peut s'approprier. Les ados jouent de cet entre-deux au cours d'incessants va-et-vient qui, à défaut d'être sexuels, n'en sont pas moins sexués. Ils font varier et mesurent la distance à maintenir dans un double jeu de connivence anticipée et de dénégation de ses enjeux. Maîtrisent-ils réellement ces mouvements ou subissent-ils, à leur corps défendant, la logique médiatique et publicitaire qui tend à assimiler les charmes à des biens consommables ? Il est évident que les adolescents s'emparent de ce dont on veut bien qu'ils se saisissent, voire de ce qu'on leur destine en tant que consommateurs appartenant à une néo-culture générationnelle et donc cibles privilégiées des industries de l'image et du vêtement. Mais, en même temps qu'ils consomment, les ados créent leurs propres codes en détournant tel objet de sa fonction, en mixant les styles, en donnant du mouvement là où on ne l'attend pas. Attention toutefois à reconnaître à temps ceux qui s'affichent dans les extrêmes et dont le look signe la rupture par excès ou par défaut : l'ado qui s'exhibe outrageusement et, à l'inverse, celui qui revêt une véritable carapace... sont souvent aussi fragiles l'un que l'autre, peut-être même tous deux en souffrance.

Si la question de la tenue prend autant d'importance chez les ados, c'est bien que le besoin d'appui, de support est primordial. Quand tout bouge en soi, il faut trouver un soutien, en quelque sorte un étayage extérieur tant que durent les travaux à l'intérieur. À l'instar des grands chantiers d'architecture qui s'abritent du regard des passants derrière des fresques peintes représentant l'œuvre finale, le look des ados constitue une seconde peau provisoire qui affiche et masque à la fois la métamorphose en cours. Il s'agit, en somme, d'une mise en représentation. Et celle-ci vise à maintenir les « parents-passants » suffisamment éloignés, tout en leur donnant à voir qu'un immense ouvrage est en train de se réaliser. Ouvrage qui ne sera jamais totalement achevé et dont la maintenance s'avérera capitale ! Même à l'âge adulte, le look restera important et le support de l'image de soi. À un degré moindre qu'à l'adolescence, mais il y aura toujours des travaux à mener entre le moi et le look. C'est ce que doivent comprendre les parents : ils peuvent commenter ce qu'ils voient, le contester, le critiquer s'ils le souhaitent, mais ne pas tenter de percer les secrets du chantier ; et se souvenir que l'élaboration de ce look aura à supporter le futur adulte. En attendant, tant que le look de l'ado, pour singulier et surprenant qu'il soit, s'intègre harmonieusement dans le paysage collectif de sa « planète », et qu'il ne produit rien d'irréversible, d'outrancier ou de dangereux, ils n'ont pas à intervenir. Comme à proximité d'un véritable chantier, ils ne devront s'inquiéter et agir qu'en cas de débordement, d'effondrement ou d'incendie.

Bien entendu, les ados n'ont pas clairement conscience des enjeux de cette entreprise. Ils ne savent pas non plus que lorsqu'ils forcent le trait du côté de l'allure et des pratiques détachées, c'est à la mesure de leur dépendance aux parents. L'intention qu'ils ont en tête est de se démarquer de ces derniers et de cesser de subir leur influence. Ils veulent se construire et, pour y parvenir, ils profitent du « cache » que constitue le look pour tester, faire des essais. L'habit ne fait donc pas vraiment le moi, mais il le suggère et il permet surtout à l'ado d'expérimenter des esquisses tour à tour séduisantes, choquantes ou repoussantes, des croquis de soi pour s'imaginer « finalisé »... et voir ce que cela provoque chez les autres. Dans le même temps, les choix composant le look « parlent », comme on le dirait d'indices, de sa quête d'identité, de la manière dont il vit les secousses de la puberté et de ses aptitudes à s'intégrer aux pairs. Le look est donc loin de n'être qu'un « traitement de surface ». Il reflète les ados tout autant qu'il les protège et qu'il les associe, leur permettant de trouver leurs marques. Celles-ci s'affirmeront à travers d'autres marquages, ceux-là propres aux rites de passage et, éventuellement, aux inscriptions cutanées, si tant est qu'un piercing ou un tatouage doive venir « enfoncer le clou ».

3

Marquer sa peau

Piercing ou tatouage ?

Bien qu'ils aient acquis chacun un sens très particulier, les mots « identité », « identique » et « identification » dérivent tous du latin *idem*, « le même ». Pour l'ado, ces trois mots clés composent l'énigme de sa feuille de route. Comment se trouver pour faire un avec soi-même, devenir unique et être reconnu comme tel, en s'appuyant pour cela sur ce qui rapproche ou éloigne d'autrui – les proches, les semblables et les personnages idéalisés ? Si l'ado pouvait établir un point fixe, tout serait plus facile... Mais justement, il lui est impossible de rester le même ! D'abord, parce que la métamorphose pubertaire le fait changer, au point qu'il se sent devenir étranger à lui-même et à ses proches. Ensuite, parce que pèse sur lui le risque d'être confondu avec ceux dont il est issu, d'en être en quelque sorte la copie « conforme » ou, pis, de préfigurer ce clone dont on ne cesse d'annoncer l'arrivée prochaine. Quant aux efforts qu'il entreprend pour être comme ses pairs, ils le conduisent à se fondre un peu trop dans la masse, à se confondre avec eux. Il doit donc subtilement se distinguer de ses semblables pour être lui, unique et singulier. Et, comble de difficulté, les personnages qui le fascinent un jour peuvent tomber de leur piédestal dès le lendemain !

Dans une société où l'individu prévaut sur le groupe, l'ado est dans l'obligation de s'autodéterminer comme sujet. À la différence d'autrefois, « être le fils ou la fille d'Untel » et « être de tel ou tel endroit » ne suffit plus à se définir et à se situer. L'héritage génétique et l'appartenance à un groupe social plus ou moins repérable constituent une donne de départ qui demande à être modifiée, remaniée, travaillée, en somme « tunée », comme on le dit à propos d'un véhicule de série auquel on apporte des modifications pour le personnaliser, le fameux *tuning*[1] qui fait aujourd'hui fureur. L'ado veut se réaliser, s'incarner, selon ses propres choix. S'il pouvait s'auto-engendrer, il le ferait ! Règne de l'apparence oblige, la chirurgie esthétique le fait rêver, précisément parce qu'elle permet un remodelage de soi défini à partir de modèles choisis sur catalogue. Mais comme elle relève encore du domaine médical et qu'elle coûte cher, la plupart des ados se rabattent sur les rêves de la « petite chirurgie » du piercing[2] et du tatouage avec, pour icônes de référence, les top models des magazines.

L'engouement pour ces opérations cutanées croît depuis une bonne décennie. Bien sûr, tous les ados ne souhaitent pas se faire percer et encore moins tatouer. Certains ne

---

1. De l'anglais *to tune*, « accorder » (en l'occurrence... à ses goûts personnels).

2. Anglicisme pour « perçage », répandu dans le langage courant depuis les années 1990. Il est amusant de savoir que l'anglais *piercing*, comme le verbe *to pierce*, dérive... du français *percer*, lui-même issu du latin populaire *pertusiare*, « faire un trou, perforer ».

s'estiment pas concernés par ce marquage corporel qu'ils jugent un peu trop « tribal ». Et, comme toujours, d'autres s'affichent dans le refus avec la même détermination que ceux qui veulent à tout prix connaître cette expérience. Mais beaucoup d'ados sont tentés et le nombre de ceux qui le font réellement ne cesse d'augmenter. Pourquoi ? Parce que les pointes en acier qui vont pénétrer l'ado pour fixer en lui un bijou ou un motif établissent un compromis fournissant une réponse aux exigences identitaires de base : se réapproprier soi en se dotant de son propre sceau, se distinguer des parents, intégrer la planète ado et y arborer le signe distinctif qui fait toute la différence. Compromis qui offre en prime trois avantages « existentiels » majeurs. Primo, il permet de s'inscrire dans une histoire renouant avec des origines lointaines – ancestrales ou exotiques – qui se révèlent, elles, fort peu dérangeantes, d'autant qu'on peut les idéaliser en fonction de ses convenances personnelles. Secundo, il matérialise un lien entre le corps et l'esprit grâce à un symbole puissant à travers lequel l'ado peut s'identifier et se « réunifier », donc s'affirmer. Tertio, il intéresse un « entre-deux » situé entre la surface et la profondeur de soi, zone intime et limitrophe, à la fois visible et intouchable en tout ou partie, susceptible d'être exhibée ou cachée... et toujours de pouvoir susciter la polémique.

Qu'ils soient « pour » ou qu'ils soient « contre », aux parents de comprendre qu'il s'agit là d'une autre manière d'interroger les limites. Bien plus que de simples velléités de passage à l'acte, ce sont des actes de passage qui se prêtent à discussions et négociations. Dans une société sans limites, l'ado déplace ainsi à la frontière de lui-même la lancinante question qui nous taraude tous : Mais qu'est-ce qu'il a dans la peau ?

À L'OUEST, RIEN DE NOUVEAU ?

Le record d'Europe du plus ancien tatouage est actuellement détenu par la momie d'Otzi, vieille de cinq mille ans, découverte il y a quelques années dans un glacier des Alpes, à la frontière entre l'Autriche et l'Italie. Autant dire que l'histoire des marques corporelles se confond avec celle des hommes. Mais le succès qu'elles connaissent aujourd'hui chez les jeunes et les moins jeunes surprend, dérange, interroge. Ce retour en force de la « primitivité » intéresse toutes les classes de la société, alors que l'on croyait l'ensemble du corps social définitivement sorti des perçages, tatouages et scarifications de la peau. Jusqu'à récemment, ces marques avaient, sinon quasi disparu de la « bonne société », du moins dérivé vers des applications purement techniques. Comme une minuscule et discrète parcelle de souvenir, on ne gardait des temps révolus que le perçage du lobe des oreilles réservé à des fins esthétiques aux petites filles que leur mère voulait rendre plus féminines. Pour le reste, le tatouage systématique ne concernait plus que les animaux et les voitures, et les scarifications humaines ne se pratiquaient plus que lors de certaines vaccinations !

Seuls les héritiers de la flibuste semblaient avoir gardé le flambeau et les traces du marquage cutané, qu'ils avaient transmis aux « sans-patrie » et aux « damnés de la terre » :

marins au long cours, mercenaires, légionnaires, forçats puis taulards. Eux-mêmes ayant inspiré certains groupes de marginaux, depuis les chicanos et les *bikers* des années 1950 jusqu'aux punks et autres ultras de nos boîtes branchées, en passant par les rares *performers* du *body art*. Bref, jusqu'aux années 1990, la réputation des « percés » et des « tatoués » était plutôt sulfureuse, évocatrice de divers « milieux » plus ou moins liés à la pègre ou à la marge, tandis que nous gardions tous en mémoire que le tatouage pouvait même être synonyme de déshumanisation, en regard de celui que portait – contraint et forcé – chaque déporté dans les camps de concentration, réduit à un sinistre matricule.

Et voilà que nos ados semblent vouloir faire un grand retour en arrière, en jouant les primitifs des temps modernes ! Nous avons tous appris que pour les véritables « primitifs » – nos ancêtres, comme les rescapés des sociétés tribales – les marques corporelles participent du passage de l'état de nature à celui de culture. Pour eux, à la différence de nos naturistes d'aujourd'hui, un corps banalement nu signe la misère et la désaffection totale. Ils embellissent, gravent et parent leur corps parce que les « hommes premiers » ne conçoivent pas la beauté comme naturelle. On sait aussi qu'avant d'accéder à l'écriture sur des supports tels que le bambou, la soie puis le papier, ils se sont servis de leur peau comme d'un parchemin vivant pour dire leur identité, leur appartenance, laisser une trace des étapes de leur vie, exprimer et transmettre leurs valeurs et leurs croyances. Mais tout cela est si loin... Notre société occidentale a fait du chemin. Le christianisme, le développement de l'écriture et des techniques vestimentaires, l'évolution des mœurs, tout conduit irrésistiblement au port d'ornements amovibles et modifiables (habits, parures, maquillage, coiffure). Les plus documentés d'entre nous savent qu'il faut attendre... le XVIIIe siècle pour que les marins du capitaine Cook « redécouvrent » le tatouage[1] à Tahiti, et qu'ils en fassent un signe de reconnaissance disant « j'y suis allé » ou « j'en suis ». Puis, de port en port, perçages et tatouages se répandent chez les « durs à cuire » et les aventuriers en rupture avec l'ordre bourgeois établi. On comprend que pour ces hommes souvent marqués par l'instabilité, les brisures et les accrocs de la vie, ces signes distinctifs puissent dire la différence, l'expérience, aient valeur de brevet de virilité, en même temps qu'ils font lien et continuité dans le temps. Mais pourquoi nos ados s'y mettent-ils aussi ? Que cherchent-ils à marquer, les filles disputant aux garçons l'envie de s'incruster dans la peau de l'encre ou du métal ?

En quête de passages

Dans les sociétés traditionnelles, on sait que les marques cutanées affichent l'appartenance à une communauté donnée et qu'elles sont réalisées à des moments précis pour incarner certaines étapes décisives dont chaque individu gardera les traces toute sa vie : reconnaissance de l'identité sexuelle, passage de l'enfance à l'âge adulte, aptitude à s'unir et à procréer... Elles rendent visible et perceptible un

1. Le mot tahitien *ta-tau* conduit au verbe anglais *to tattoo*, dont vient le français « tatouer ».

changement, une coupure avec un état antérieur réputé inférieur, et impriment l'accès à un nouvel état supérieur de l'être. Elles ont donc une valeur initiatique. Le moment venu, chacun doit témoigner de son courage pour en supporter sans se plaindre l'épreuve douloureuse. En affrontant ainsi symboliquement la souffrance et certaines figures de la mort, l'individu est reconnu par tous dans son évolution. Mais, pour cela, il doit se soumettre aux rites et s'en remettre aux mains de ceux qui ont le pouvoir d'effectuer le marquage. Il ne décide ni du moment de la cérémonie, ni du choix des marques à subir, et ce n'est pas lui qui se les pratique.

Notre société connaît la diminution et l'affaiblissement des rites de passage qui se réduisent, pourrait-on dire avec malice, comme peau de chagrin. En manque de repères, tout se passe comme si nos ados devaient se réinventer des rites simulacres pour intégrer la planète ado et s'y situer. Ils n'ont pas conscience que, dans bien des cas, les tenues uniformes du look en représentent les habits de cérémonie, en quelque sorte les tuniques ou les aubes, vêtus desquelles ils pourront se livrer à diverses « communions » entre pairs, intégrant offrandes alimentaires, défis risqués et prises de substances psychoactives nécessaires aux transes collectives (voir chapitre 4). Mais comment garder la trace charnelle de ces expériences de passage ? Pour marquer l'écart vis-à-vis des parents, faire corps avec les semblables et se doter de signes visibles attestant de ces diverses passations, les ados ne disposent en propre que de leur peau qui est à la fois un soi et une soie inscriptibles. Sans vouloir abuser des jeux de mots, il y a évidemment du « pas... sage » et du « passe-âge » dans la quête qui les anime !

Le piercing et, à un moindre degré, le tatouage (dont le caractère indélébile refroidit certains) seront les marques que les ados auront envie de se faire faire, redoublement associant la volonté de choix et la soumission aux professionnels perceurs-tatoueurs, nouveaux passeurs des gués adolescents. En l'absence de statistiques précises, il est difficile d'estimer l'ampleur du phénomène. D'autant que ce dernier croît de manière exponentielle depuis le début des années 2000. Selon diverses sources, on peut admettre qu'en France au moins un ado sur cinq est concerné, les filles deux fois plus que les garçons, le piercing devançant de très loin le tatouage chez les moins de 18 ans, écart qui se réduit ensuite. À titre indicatif, une étude effectuée outre-Atlantique en 2001 par une université américaine révélait déjà que 51 % des étudiants étaient « percés » et que 23 % étaient tatoués[1]...

La plupart chercheront à se concocter un savant mélange d'embellissement, d'originalité dans le conformisme de la mode avec une pointe de provocation. Il y aura le premier piercing que les filles imaginent au nombril, à l'aile du nez, autour de la bouche ou sur la langue, tandis que les garçons songeront d'abord à l'arcade sourcilière et à l'oreille. Une fois cette étape franchie, les ados pourront en rester là ou, au contraire, avoir envie de s'en faire poser un ou deux autres. L'idée d'un tatouage pourra même germer et sera l'occasion d'interminables discussions avec les pairs et de dessins en marge des cahiers pour s'inventer leur propre « tribal ». Les filles le porteront en bas du dos ou sur la

1. Santé Canada, 2003. Pour en savoir plus : www.santecanada.ca.

nuque, les garçons plutôt autour du biceps, mais les unes et les autres pourront préférer l'inspiration animalière (papillon, salamandre, dauphin au féminin ; scorpion, dragon ou tigre au masculin) ou encore celle de l'*heroic fantasy*. Où ça ? De préférence à l'épaule ou à la cheville (voir encadré). Quoi qu'il en soit, les ados passeront très rarement à l'acte sur un coup de tête. Se marquer la peau correspond pour eux à une vraie démarche personnelle. Elle est certes inspirée par la mode et comporte une dimension esthétique qui peut nous échapper, mais elle incarne une volonté d'affirmation de soi qui ne doit pas être ignorée.

En revanche, ceux qui s'afficheront dans l'outrance en se hérissant le visage de boules et de pointes, comme ceux qui choisiront les tatouages les plus effrayants, devront être reconnus pour ce qu'ils sont : des écorchés vifs, peut-être en situation d'impasse identitaire. Ceux-là s'infligeront souvent à eux-mêmes des scarifications qui n'ont rien d'une démarche esthétique : elles sont caractéristiques du mal-être (voir chapitre 5).

Avant d'être percés ou tatoués, les ados qui vont bien doivent effectuer quelques repérages. Il leur faut trouver les bonnes adresses qu'ils se procureront auprès de leurs pairs ou sur Internet. Le fameux bouche à oreille – l'expression ne peut pas mieux convenir à de futurs « percés » ! –, les forums et les *chats* sur le Net sont autant de moyens à mobiliser... pour trouver l'impasse où réside le bon perceur-tatoueur. Les adresses sont en effet assez difficiles à localiser, car ils ne sont pas souvent implantés sur les grands boulevards ! Ce serait trop banal, trop « culturellement correct »... Le mystère, la devanture un peu glauque, l'ambiance « rideau de fer tagué à moitié tiré », voire le voisinage de sex-shops participent déjà des premiers frissons de la transgression envisagée. Les grands prêtres des communautés secrètes n'officient-ils pas dans des grottes ou des antres inaccessibles ? Eh bien, la boutique est souvent située dans un cul-de-sac, une petite rue adjacente, en somme dans un étroit passage fleurant bon l'aventure et le risque !

Les plus jeunes iront y jeter un œil en bande, et l'émulation collective, les défis, les identifications pourront jouer à plein pour tenter d'obtenir, une fois rentrés à la maison, l'indispensable autorisation parentale écrite qui est exigée pour les mineurs. La plupart accompagneront leur meilleur(e) ami(e) s'apprêtant à « y passer », pour en savoir plus sur les conditions, les prix et les modalités... Et si on les y autorise, ils assisteront en direct à l'effraction cutanée, cette intrusion de l'intimité librement consentie, dont ils vivront par procuration l'angoisse et l'expérience douloureuse qui préfigurent celles de la défloraison sexuelle prochaine. « Première fois » vécue peut-être ici en tenant la main de son ami(e), pour se rassurer mutuellement. Opération aussi, où l'un(e) passe sur l'équivalent d'un « billard » et où l'autre l'assiste, suivant du regard le passage des aiguilles et cathéters en train de transpercer la chair avec, pour finir, dans le cas du piercing, l'implantation d'une pièce provisoire appelée « prothèse » que le praticien-perceur affirme être en acier chirurgical. Détails qui ont leur importance, conférant à l'expérience l'intensité d'un moment critique, où l'on peut se voir dans le rôle du malade sans l'être, et où se tournent les pages de l'enfance lorsqu'on jouait au docteur avec sa poupée...

Sinon, parti seul en exploration, l'ado devra s'armer de courage pour pousser la porte de la boutique... et se sentir ridicule, vraiment « tout petit », devant un personnage tatoué de la tête aux pieds qui n'a pas l'air de vouloir rigoler !

Au-delà des limites ?

Force est d'admettre que tout cela sent l'initiation et le rituel ! Mais c'est la « tribu ado », non le corps social, qui en détermine le cadre, et ce sont les ados « novices » qui décident pour leur propre compte du moment et du type de marquages auxquels ils ont envie de se soumettre. Des « auto-rites », en quelque sorte, même si l'autorisation parentale est requise pour les mineurs. Une fois ce garde-fou franchi, c'est aux professionnels qui se chargent d'en garantir l'office que se transfèrent les responsabilités. Il leur incombe de vérifier l'âge des candidats, accord parental écrit et carte d'identité à l'appui, car la triche est fréquente, et de définir leurs propres bornes. La plupart refusent de percer les moins de 16 ans et de tatouer les moins de 18 ans (sauf, pour certains tatoueurs, si les parents sont présents). Ils refusent aussi le tatouage sur le visage ou les mains. Ils réclament par ailleurs eux-mêmes davantage d'agréments et de contrôles pour que les praticiens non « homologués » ne viennent pas entacher leur corporation. Les risques sont en effet bien présents ! Moins enthousiasmante que la transmission de valeurs et croyances ancestrales ou exotiques, la transmission d'infections virales ou bactériennes est évidemment à craindre, puisqu'il y a effraction de la peau ou des muqueuses... et contact avec le sang. Les bricolages d'amateurs ou les mauvais professionnels ne respectant pas les règles d'hygiène et d'asepsie exposent les candidats au piercing ou au tatouage à des risques réels de contamination (hépatites B et C, VIH[1], herpès, infections par le streptocoque, le staphylocoque, le pyocyanique...). Même lorsque les règles sont parfaitement suivies par l'homme de l'art, des réactions allergiques peuvent se produire, tandis que les infections restent possibles, surtout si l'ado ne respecte pas les consignes qui lui ont été données. Un guide de bonnes pratiques serait en l'occurrence utile, tant pour les praticiens que pour leurs jeunes clients. Quant à la législation, elle demande sans doute à être plus précise pour s'adapter à l'ampleur du phénomène.

Les parents n'ont bien sûr pas seulement ces craintes et réserves en tête. Bien que les plus progressistes d'entre nous ne considèrent plus le tatouage comme une étiquette faisant « mauvais genre », nous sommes encore nombreux à en refuser le principe à l'ado mineur. Beaucoup de tatoueurs estiment d'ailleurs que la croissance doit être terminée et qu'un tatouage suppose une maturité psychologique très difficile à évaluer avant 18 ans. Le caractère indélébile de cette marque cutanée menace en effet celui qui la porte d'un risque d'intolérance sociale ou psychologique future dont il est impossible d'apprécier à court terme le degré. D'une part, aux yeux des autres, l'ado ne sachant pas quel métier il exercera et dans quel milieu il évoluera dans dix, vingt ou trente ans ; d'autre part, à ses propres yeux, dans la mesure où ses goûts peuvent évoluer et lui rendre le tatouage insupportable. Certes, un traitement au laser peut l'effacer, mais les résultats sont loin d'être garantis. Quant au tatouage dit semi-permanent car censé « s'autodétruire » au bout de

1. Virus de l'immunodéficience humaine, pouvant conduire au sida.

deux à cinq ans, il ne fait pas l'unanimité chez les tatoueurs. Il peut arriver que tout ne s'efface pas et les traces restantes se révèlent particulièrement inesthétiques.

Forts de ces considérations, face à l'ado mineur réclamant notre accord pour un tatouage, que devons-nous faire ? En parler avec lui, essayer de mieux comprendre ce qu'il cherche... mais surseoir à toute autorisation jusqu'à ses 18 ans. On peut lui dire que nous ne nous autorisons pas à prendre la responsabilité d'une décision qu'il regrettera peut-être un jour, et que nous voulons que ce soit lui – et lui seul – qui en prenne la charge. N'est-ce pas une manière de restituer à l'accès à la majorité sa fonction de passage ? L'ado aura ainsi le temps d'y réfléchir, de changer d'avis ou de se déterminer, une fois majeur, à travers ce marqueur identitaire puissant. Comme pour toute négociation frontalière, des talents de diplomate sont cependant indispensables et il faudra absolument éviter la rupture de discussion et la stigmatisation déshonorante concernant les tatoués et les marginaux. Par provocation et par dépit, l'ado pourrait en effet s'en faire alors un lui-même ou trouver un tatoueur ne respectant pas la déontologie de sa corporation.

Le piercing ne pose pas le même problème, car il peut se retirer. Certes, nous craignons que l'ado conserve plus tard un petit trou disgracieux sur le visage, mais n'exagérons pas : hormis l'écarteur du stretching provoquant un véritable trou au lobe de l'oreille, dans la plupart des cas, la trace n'aura rien d'un sillage laissé par le passage adolescent ! Plus sérieux sont les arguments tenant à l'endroit où l'ado veut un piercing. Celui de la langue ou de la joue peut abîmer les dents, celui incrusté sous la lèvre peut attaquer la gencive, celui du nombril met plusieurs mois à cicatriser et le piercing du téton peut provoquer des déformations (en fait assez rares) risquant de s'aggraver après une grossesse. Il est donc tout à fait possible d'établir une première gradation du piercing qui tienne compte de ces risques, même s'ils sont inconstants : exigence de l'accès à la majorité pour les formes *hard* (langue, téton...), accord à débattre pour les formes classiques du visage, des oreilles et du nombril, à partir de l'âge de 16 ans. Sachons quand même que la plupart des ados « percés » supportent bien leur incrustation métallique et que, lorsque ce n'est pas le cas, ils sont les premiers à demander à se la faire enlever !

En réalité, nos réserves sont d'un autre ordre. En revendiquant ce sceau personnel, l'ado vient contester l'héritage parental et familial. Les fantaisies du look vestimentaire nous dérangent, mais elles ne touchent pas la peau de l'ado elle-même. Là, à travers sa demande de piercing, il prétend s'en prendre à cette peau qui est un peu la nôtre, même si intellectuellement nous admettons que le « fruit de nos entrailles », cette « chair de notre chair », est une autre chair. Qui plus est, l'ado cherche à trancher avec nous... à l'aide d'une pièce de métal, ce qui confère à la coupure une dimension mutilante. Ne nous y trompons pas : si autant de pères refusent à leur fille le port d'un piercing, en recourant au terme de « mutilation », c'est bien que la séparation se révèle psychologiquement saignante et douloureuse. Une vraie mutilation, c'est quoi déjà ? La section irréversible d'un membre ou d'une de ses parties (exemples : se couper un doigt ou se crever un œil). N'est-ce pas le corps familial qui crisse ainsi de ces mots extrêmes ?

Par voie de conséquence, l'image de l'ado rebelle dressé

sur ses « ergots de métal », hérissé de ses pointes d'acier, risque – pensons-nous – de nous discréditer auprès des voisins, des amis, des proches, sans compter le reste de la famille qui ressent aussi l'attaque dans sa chair. L'enfant sage (comme une image ?) laisse la place à l'enfant pas sage du tout... Peut-il avoir été bien éduqué quand on voit ce résultat ? On craint tout autant sa disqualification en milieu scolaire ou professionnel, arguant qu'avec sa tête de Zoulou, personne ne va l'accepter en stage.

Certains parents, souvent eux-mêmes percés ou tatoués – ou alors très tentés de l'être –, ne voient aucune objection à ce que leur ado fasse la même chose. Ils en sont même plutôt fiers, peuvent encourager ces pratiques, voire jouer aux « semblables » ! Par exemple, Noémie, 17 ans, se souvient d'avoir obtenu son premier piercing à 12 ans : « Je l'ai demandé, je l'ai eu... et quinze jours après ma mère portait le même ! » On retrouve évidemment dans cette catégorie de parents ceux qui se veulent davantage « copains » que garants de l'ado. Non conscients d'avoir à poser des limites pour rassurer ce dernier, ils croient au contraire que l'évitement des conflits est un gage de « bonne entente ». Parmi eux, il en est qui « refont » leur adolescence avec un laxisme proportionnel à la rigidité de leurs propres parents, tandis que d'autres refusent de sortir de cet âge d'or, préférant les rêves et les naïvetés des jeunes aux contraintes du monde adulte.

Chez les parents plutôt « contre », voire carrément hostiles aux marques corporelles, la question est de savoir ce qui est négociable et ce qui ne l'est pas. À l'heure où la confrontation avec l'ado devient incontournable, la fermeté des positions parentales ne doit pas se confondre avec l'intransigeance et le refus du dialogue. Mieux vaut « travailler » ses arguments que déclarer péremptoirement toute demande d'un piercing franchement « limite », c'est-à-dire à peine tolérable. Entre la demande et l'exécution de l'opération, il y a un espace de discussion possible, une zone frontière qui peut aider à la reconnaissance mutuelle des limites de chacun, ce *limes, limitis* qui nous est maintenant familier (voir Avant-propos). Que dit l'ado et qu'avons-nous envie de lui répondre ? Il affirme : « C'est mon corps, j'en fais ce que j'en veux », et nous aimerions lui rétorquer : « Oui, mais tant que tu es mineur, nous sommes responsables de toi. » Comment rendre l'échange profitable et éviter le « braquage », c'est-à-dire à la fois la rupture des négociations et le passage à l'acte conduisant au fait accompli ? À condition de ne pas se montrer méprisants ou condescendants, on a le droit en tant que parents d'avoir une position ferme sur notre devoir de veiller au respect de l'intégrité corporelle de l'ado jusqu'à sa majorité. Si la virginité sexuelle est un sujet trop personnel qui ne peut être abordé de front, en revanche voir le corps de l'ado transpercé par de la ferraille réalise une atteinte que l'on peut souligner. Le mot « intégrité » est intéressant, dans la mesure où il permet de souligner notre souci de le conduire « intact », « entier », vers la frontière de l'âge adulte, et de le faire en toute honnêteté, l'intégrité évoquant également la probité, le respect.

On peut aussi adopter une autre position, celle qui consiste à tirer parti des diverses réglementations mettant en relief les bornes « 16 ans » et « 18 ans » pour considérer l'entre-deux comme un espace temporel de négociations et de discussions. Pourquoi les parents ne pourraient-ils pas décider que le marquage corporel est inacceptable avant l'âge de 16 ans, à l'exception du perçage des lobes de l'oreille, puisque beaucoup de professionnels perceurs eux-mêmes n'y sont pas favorables et qu'en pleine croissance pubertaire, la prudence en déconseille la pratique sur d'autres parties du corps ? Ce bornage inférieur des 16 ans autoriserait ainsi l'« essai de l'oreille[1] » au-dessous de cet âge, en présence d'un jeune ado particulièrement insistant, sans compromettre l'âge d'accès au « piercing négociable » qui correspondrait judicieusement à celui de la « conduite assistée ». Seulement au sein de cet espace-temps, les parents et l'ado pourraient s'accorder sur le type de piercing choisi, en fonction de sa nature, de son siège, de la facilité avec laquelle il pourrait être déposé en cas de nécessité, etc. Une fois « élue » par l'ado, l'adresse du perceur serait donnée aux parents, afin que ces derniers puissent éventuellement se renseigner. Les perçages *hard* ou trop sophistiqués seraient exclus de la négociation et reportés, comme le tatouage, au bornage supérieur des 18 ans qui ouvre à la majorité.

1. Toutefois pas n'importe où ni n'importe comment ! Si le perçage du lobe ne pose habituellement pas de problème, celui de la partie supérieure de l'oreille, cartilagineuse, réclame l'expérience d'un professionnel. Selon les acupuncteurs, certains points précis sont à connaître. Dans tous les cas, attention à l'usage du « pistolet perce-oreille » utilisé par certains bijoutiers : l'embase peut être souillée à chaque utilisation et devenir ainsi contaminante pour le client suivant.

L'AFFIRMATION DE SOI

Contrairement à ce que l'on croit, ce n'est pas seulement la mode qui entraîne les ados vers le marquage corporel. On les dit influençables, et sans doute le sont-ils, mais ceux qui revendiquent ce sceau personnel sont loin de manquer de caractère ! Quoi qu'on en pense, il en faut pour accepter d'imprimer douloureusement sa chair... Non, la mode suit davantage qu'elle ne précède un mouvement dont l'ampleur est à mettre sur le compte de la crise d'identité caractéristique de notre société en manque de repères et de limites. Avoir un piercing ou un tatouage, c'est pour l'ado se doter de sa propre « marque de fabrique », celle qui n'est héritée que de ses rêves et des identifications qu'il se choisit. Une manière de se réapproprier ce corps qui lui échappe... en le marquant au fer. La métamorphose n'a qu'à bien se tenir ! Elle sera dorénavant frappée aux armes de l'ado. Une manière de s'affirmer propriétaire de soi-même et de se démarquer des parents. Mais à la différence des marques vestimentaires du look, en allant plus loin – on aurait envie de dire aussi plus profondément – dans la prise de distance vis-à-vis d'eux, puisque leur participation est exigée pour en établir l'acte de propriété. L'autorisation parentale vaut en effet comme reconnaissance d'une séparation en cours, et c'est pour cela qu'elle doit être mesurée, négociée et non balayée d'un revers de main. Quant au « rituel » que ce marquage implique, nous devons comprendre qu'il tire son importance du fait que cet acte doit être authentifié par un maître, en l'occurrence le perceur-tatoueur, devenu en la matière l'équivalent du scribe ou du notaire. Une fois membre titulaire de la « tribu ado », il appartiendra à chaque nouveau venu de se distinguer auprès de ses « frères d'armes » pour à la fois séduire et affirmer son caractère unique.

Souffrir pour grandir

Nous avons tendance à le banaliser, mais l'adolescence est fréquemment douloureuse sur le plan physique. Les douleurs articulaires liées aux poussées de croissance, celles du dos (que les sacs trop lourds n'arrangent pas !), comme les « pointes » au ventre dues aux règles et les migraines sont autant d'expériences subies qui ne relèvent pas de ces maladies imaginaires que l'on croit trop souvent destinées à l'exemption scolaire. Le corps pousse et fait mal. Quant à la tête, elle n'est pas en reste, puisque les fracas sentimentaux, les disputes familiales, les tensions diverses et variées donnent aussi aux émotions des reliefs douloureux. Bref, grandir fait souffrir ! Et comme toujours, ce que l'on subit est bien pire que ce que l'on agit. Pour reprendre le contrôle, l'ado est donc tenté de recourir aux sensations fortes, fussent-elles douloureuses. Elles le sont, d'ailleurs, à travers les premières inhalations de tabac et les premières cuites... qui le rendent éventuellement malade. Mais ces expériences agies lui permettent de se mettre à l'épreuve, de se sentir exister et de tester ses propres limites. Elles l'aident également à mieux accepter le regard des autres, à se situer et, ce faisant, contribuent à rendre plus supportables les douleurs existentielles. Souffrir fait ainsi grandir.

Eh bien, justement, le marquage corporel fait mal, ça tombe à pic !

Quoi qu'en disent les ados concernés, l'incrustation d'un piercing ou d'un tatouage est douloureuse. La douleur ressentie est évidemment variable selon les personnes et les marques choisies. Et l'appréhension en augmente l'intensité. Concernant le piercing, la peur qui précède participe totalement de l'effet du « passage ». C'est pourquoi le perceur consacre du temps à rassurer l'ado, à l'amener à se concentrer sur sa respiration, à le préparer en quelque sorte à ce qui s'apparente à un sacrifice – celui de sa propre peur. Figuration qui, plus que n'importe quelle autre, fait vraiment penser aux rites de puberté (voir chapitre 4). Généralement, le perçage provoque une douleur vive mais brève, l'opération ne durant que quelques minutes. Mais tout dépend de l'endroit choisi. Selon les professionnels, le piercing le plus douloureux est celui du téton, suivi de celui des cartilages du nez ou de l'oreille. Contrairement à l'idée que l'on peut s'en faire, le piercing de la langue est peu douloureux, au moins sur le coup, car le perceur écarte les muscles. Toutefois, les seuils de sensibilité varient et le vécu qu'en ont les ados dépend beaucoup de la place qu'ils accordent à la douleur dans ce passage : certains disent vouloir avoir mal, tandis que d'autres ne reconnaissent pas cette intention. D'autre part, le discours après-coup est en quelque sorte pris dans le regard que l'on porte sur eux. Les pairs comme les adultes. Les perçages les plus spectaculaires sont évidemment considérés comme les plus douloureux. Imaginons la tête effrayée que ferait une grand-mère si sa petite-fille âgée de 16 ans lui montrait son piercing de la langue ! Et puis, il y a les ados qui disent

« avoir énormément souffert » et ceux qui prétendent « n'avoir rien senti »...

La douleur du tatouage est, elle aussi, très subjective. Elle existe cependant bel et bien ! Ce n'est pas une douleur intense mais elle est continue, majorée au niveau du ressenti par l'inconfort de la position liée à l'endroit à tatouer... et par le bruit du dermographe[1] qui produit des sons stridents pouvant rappeler la roulette du dentiste. Les filles semblent mieux supporter la douleur que les garçons. Pour comparer avec une douleur connue, cela ressemble à la douleur d'une brûlure, d'un coup de soleil ou d'une épilation... qui dure. L'usage d'un spray anesthésiant rassure psychologiquement davantage qu'il n'a d'action sur le derme. La sensation de douleur éprouvée après les premiers coups d'aiguille s'atténue ensuite car le corps produit de l'endorphine, une substance proche de la morphine, qui agit deux à trois heures et qui réduit la sensation douloureuse. Si la séance se prolonge au-delà, la sensation se réveillera. Une séance moyenne dure une heure et demie, mais cela dépend du motif, bien sûr, et de la taille du tatouage. Dans la plupart des cas, la douleur est bien supportée. Il peut y avoir une chute de tension, un évanouissement, mais ce n'est pas la douleur qui est en cause, plutôt l'angoisse, la peur. Les zones réputées les plus sensibles sont les fesses, le bas du dos, le ventre, les chevilles et les pieds.

Les ados qui vont mal sont, eux, déjà en souffrance. Ils ressentent un mal-être tenace et diffus qu'ils attribuent généralement à des événements de vie actuels, sans savoir

1. Inventé en 1891, l'appareil électrique met en mouvement une aiguille qui peut ainsi piquer 3 000 à 5 000 fois par minute.

que ces derniers sont d'autant plus intolérables qu'ils ravivent, exacerbent, mettent à vif des blessures identitaires plus profondes. Ce sont de véritables écorchés vifs qui cherchent à calmer leurs brûlures intérieures par tous les moyens. Ils le font à travers divers actes de rupture allant de la fugue aux scarifications pour substituer les sensations aux émotions jugées invivables, jusqu'à préférer la douleur physique à la souffrance psychologique. Bien loin du *body art* dont ils se réclament parfois, ces ados blessent, voire mutilent leur corps, au point qu'on pourrait les croire torturés. Chez eux, le piercing et le tatouage n'ont pas de visée artistique ou esthétique. Il y a bien sûr différents degrés de gravité, mais leur revendication identitaire est beaucoup plus radicale. Ils veulent s'affirmer dans la provocation et la rupture. Ils s'en prennent à leur peau qu'ils attaquent avec l'encre et le métal (y compris celui du cutter), pour se faire mal, dégrader ce corps qu'ils détestent, et imaginent maîtriser leur souffrance en contraignant ces chairs qu'ils ne parviennent pas à ressentir comme véritablement les leurs. Une impasse identitaire qui nécessite qu'on les aide et qu'on les soigne, en cherchant à leur redonner une place de sujet.

S'orner, se parer

À l'instar des « primitifs » pour qui la beauté du corps réclame l'intervention de la main de l'homme, et qui s'emploient donc à peindre, décorer, modifier, imprimer, voire sculpter leur peau, nos jeunes membres de la tribu ado ne sont pas en reste pour s'intéresser de près à ces travaux d'embellissement extérieurs. D'autant que les écrans, les affiches, les magazines sont remplis de « façades de rêve ». Celles des maisons, pour les parents. Celles des top models pour tous, mais les ados comptent bien se servir d'abord !

Il y a longtemps déjà que les filles connaissent les subtilités du maquillage et leur dernier « tatouage au henné » date d'au moins un ou deux étés ! Il est encore *fun* à l'occasion, mais beaucoup ont envie d'associer amusement et séduction, le tout saupoudré d'une pincée de mystère. Les parures amovibles du look, c'est un peu « toujours pareil » et puis tout le monde a les mêmes... L'ado voudrait quelque chose de plus personnel et corporel. Pouvoir jouer sur les contrastes. S'employer à être lisse, épilée... et mettre en relief l'aspérité « qui tue » ! Brillante, provocante, dure et menaçante à la fois, comme un éclat de titane en pleine face, tiens, par exemple ! Le mot est sympa : le féminin de titan, donc personnage de haute volée. Une aspérité qui se voit et qui maintenant peut se toucher, puisque l'âge moyen du piercing correspond à celui du flirt... poussé. Et, tant qu'à faire, pourquoi ne pas jouer aussi sur les ambiguïtés, avoir l'air affranchie sans l'être encore vraiment, suggérer des possibles qui n'engagent à rien. Le gloss sur les lèvres et le piercing non loin de la bouche, ce n'est pas assez suggestif ?

Les garçons s'y mettent aussi, mais eux doivent plutôt cultiver la désinvolture inspirant, « sous le capot », la force vive. L'idéal, lorsqu'ils le peuvent ? La barbe de trois jours dévorant le visage, l'oreille dressée en pointe ou l'œil luisant du fauve au repos qui peut, en un instant, sauter sur sa proie. Et pour en représenter la griffe prête à sortir avec la rapidité de l'éclair, celle du vif-argent bien sûr, pourquoi ne porteraient-ils pas une flèche au lobe ou à l'arcade ?

Le tatouage rêvé chez les filles est celui qui peut à la fois se révéler sensuel, mystérieux et propre à incarner une valeur avec laquelle elles voudraient faire corps jusqu'à l'avoir dans la peau. Par exemple, Vanessa, 19 ans, porte un thème étrange au bas du dos. Elle l'a dessiné elle-même, en mêlant des lettres chinoises à des volutes pour que ceux qui le voient s'interrogent sur sa signification. « Ça ne veut rien dire, mais justement, à mon amoureux d'imaginer ce que ces signes révèlent de moi ! » Elle a choisi le bas du dos « parce que c'est une zone secrète et réservée ». Et elle a insisté pour que le tatoueur « fasse partir les volutes sur le côté, en s'amenuisant de plus en plus, pour inspirer la liberté, la seule chose qui me tient à cœur ».

Les thèmes animaliers féminins inspirent généralement la délicatesse, la légèreté, la fidélité, ou mettent l'accent sur le caractère libre, sauvage et indomptable (dauphin, papillon, lézard, salamandre...). La fleur exprime la sensualité et le mystère, mais sans être vénéneuse. Le « tribal » ou la calligraphie incarnent l'exotisme, le voyage, le mot doux ultra-confidentiel ou la valeur secrète de guerrière, d'Amazone, d'héroïne de manga. Nuque, bas du dos, épaule, naissance du sein en sont les sites corporels privilégiés.

Les garçons, moins nombreux, sont aussi moins imaginatifs. Comme leurs ancêtres marins ou légionnaires, ils veulent surtout inspirer la force, la puissance... et la menace si on les approche de trop près. Leur bestiaire de prédilection l'illustre (dragon, scorpion, serpent...) et eux portent le tatouage sur l'épaule, le bras ou la jambe. Le motif le plus à la mode est le « tribal » qui s'expose en guerrier autour du biceps ou du mollet pour mieux souligner le muscle.

On sait que les « primitifs » attribuent à leurs parures

et scarifications des propriétés essentielles selon l'endroit du corps où elles s'inscrivent. Au niveau du visage, elles valorisent et protègent les orifices sensoriels (bouche, nez, oreilles, yeux) qui ouvrent au monde, assurent des fonctions vitales primordiales (respiration, alimentation) et permettent les échanges avec les autres. Il en est de même au niveau du ventre, lieu d'assimilation digestive et de fécondité, et des attributs sexuels (poitrine, organes génitaux). La « parade » est ainsi ouverture et défense. Eh bien, chez nos ados, c'est un peu la même chose, à ce détail près qu'ils n'en ont le plus souvent pas conscience. Force est de constater pourtant que le piercing se concentre sur la face et les oreilles, faisant « briller » tel ou tel organe des sens pour focaliser le regard d'autrui ou, au contraire, le détourner. Quant au fameux piercing du nombril, numéro un dans les rêves des jeunes filles, celui qui met le temps d'une grossesse à cicatriser (!), l'expérience nous incite à en faire un témoin de la relation mère-fille : plus le « cordon ombilical » reste perméable entre elles, plus l'adolescente et souvent sa mère sont tentées de se faire poser un anneau, une boule ou une perle à cet endroit-là !

Marqueurs d'identité

Beaucoup d'adultes ignorent que porter un piercing est loin d'être une sinécure. N'exagérons pas non plus, on ne va pas dire que l'ado « porte sa croix », mais il va devoir s'en occuper quotidiennement pour pouvoir le supporter au sens charnel du terme. Les délais de cicatrisation varient selon les piercings de un mois à un an, sans compter que l'infection ou le rejet peut se déclarer même quatre mois après la pose ! Pas question de l'oublier, donc, ni en soi ni dans le regard de l'autre. On pourrait penser que les ados ne se facilitent pas la traversée de l'âge ingrat avec tous les problèmes de peau auxquels ils sont déjà naturellement exposés. Mais justement, à la différence de ce que subit l'ado comme d'indésirables bouillonnements de son intériorité, piercing et tatouage sont des « objets » qui ont d'abord été extérieurs, désirés et choisis avant d'être implantés. Et maintenant qu'ils sont incrustés dans la peau, ils modifient les rapports de l'ado à lui-même d'une manière étonnante : celui-ci se met à consacrer du temps, de la patience, de l'hygiène et de la constance à leur entretien, alors qu'il fait souvent preuve du je-m'en-foutisme le plus absolu à propos de sa santé en général. Comment comprendre ce phénomène ? Il y a deux axes à considérer pour obtenir le graphique de cette fonction.

Le premier axe est représenté par un combat. Qu'il le reconnaisse ou non, l'ado a choisi d'infliger à sa peau une attaque destinée à reprendre le dessus sur cette traîtresse qui n'a qu'à bien se tenir ! La voilà donc contrainte, cadenassée, percée, imprégnée, à la mesure des affres qu'elle fait habituellement subir à travers ses éruptions inopinées. Cet axe met en lumière un nouvel entre-deux dont l'ado est l'enjeu : sa peau et lui, c'est à la fois une même entité… et l'affrontement de deux parties qui doivent se battre pour s'entendre, se respecter, finir par faire bloc et cause commune. La peau s'efforce de rejeter ce que l'ado veut lui incruster. En la marquant de ce sceau, l'ado vise ainsi non seulement une réappropriation identitaire mais une unification de lui-même. Il s'emploie à dompter sa peau, tel saint Michel ou saint Georges terrassant le dragon ! L'image est forte, généralement inconsciente, mais elle est là ! Et le processus a d'autant plus de valeur qu'il est « coûteux » en entretien, en soins, obligeant l'ado à vraiment se prendre en charge, en tout cas à ce niveau. Les parents sont d'ailleurs étonnés de constater que tel garçon, d'ordinaire réputé pour son manque d'hygiène, soigne « sa marque » avec une application confondante.

Le deuxième axe est représenté par le point de fixation que devient l'objet incrusté. Non seulement celui-ci aide l'ado – autant, espère-t-il, que ceux qui le dévisagent – à oublier un peu les boutons et ses autres « cutaniaiseries [1] », mais l'objet porté se transforme magiquement en support. Point d'ancrage, pierre plate utile à la traversée d'un gué, rivet ou piton assurant l'escalade, peu importe la métaphore, c'est un point d'appui. En investissant cet objet fixé dans sa peau, l'ado est amené, par-devers lui, à investir cette petite parcelle de corps impliquée dans l'incrustation. Il doit la soigner, l'entretenir, l'hydrater, voire la protéger du soleil, presque comme une mère doit veiller sur son bébé. Lui qui déteste ce corps qui change et le trahit, le voilà en train d'en « cocooner » un petit morceau. Et au fur et à mesure, ce « support » l'aide à se supporter lui-même. On vérifie à travers cela une notion qui se décline dans d'autres domaines : les ados les plus fragiles sur le plan identitaire sont ceux qui ont le plus besoin de supports « externes ».

Filles et garçons optent pour des marques corporelles très typées selon le sexe, preuve – une fois de plus – de leur besoin d'affirmation identitaire. Mais, comme en matière

1. Néologisme emprunté à Magali, 18 ans.

de look amovible, certains ados misent sur le « contre-stéréotype » pour s'affirmer davantage dans le contraste. Il y a des filles qui cherchent à masculiniser leur apparence et des garçons qui ne craignent pas d'adoucir leur présentation. Le sujet est cependant très sensible, puisque l'exposition risque d'en dire trop sur une orientation sexuelle parfois encore mal assurée. Beaucoup d'ados s'interrogent à propos de leurs émois à l'égard de personnes du même sexe. Certains font même des expériences, tentent la provocation ou l'outrance pour trouver des réponses à leurs questions, et le look fait évidemment partie de ces tentatives. Mais ceux qui sont convaincus de leur homosexualité ont souvent du mal à l'assumer. La honte, la peur d'être anormal, la crainte de nous décevoir, peuvent les conduire à banaliser leur apparence pour ne rien laisser paraître. D'autres, au contraire, veulent s'affirmer pour, en quelque sorte, « forcer le passage ». C'est ainsi qu'il faut comprendre pourquoi telle fille s'éprouvant homosexuelle cherche à renforcer sa masculinité, en l'occurrence à travers le port d'un piercing ou d'un tatouage typiquement « macho », ou que tel garçon applique des codes réputés déclarer son orientation (boucle d'oreille à droite, par exemple). Ces renforts identitaires ne doivent cependant pas faire l'objet d'interprétations abusives, et l'on doit éviter toute stigmatisation. En tant que parents, souvenons-nous que l'homosexualité n'est ni une maladie ni un « travers » à corriger. Seul le temps dira si cette orientation se confirme. En attendant, tout dialogue est possible à ce sujet, à condition de faire preuve de patience et de tact, et d'éliminer les moqueries, les jugements et les conseils visant à retrouver le « droit chemin ».

Comment expliquer la prédilection féminine pour le port

du piercing ou du tatouage ? L'expression de la revendication identitaire passe d'abord, chez les filles, par le soulignement des limites entre l'intérieur et l'extérieur du corps. L'« urgence » est évidemment accentuée par le gommage des différences, des limites et des frontières caractérisant la modernité, au profit de l'image globale. Et plus la tendance se dessine, plus les « contours de soi » demandent à être soulignés, rehaussés, parés, parfois jusqu'à la caricature. L'affirmation de soi passe par l'accentuation des traits du look. Les signes extérieurs (de jeunesse, de richesse, d'appartenance...) l'emportent sur les distinctions traditionnelles (diplômes, titres, attributs honorifiques...), et le corps devient le support de cette reconnaissance. Cela conduit les filles à en faire davantage dans le registre, pourrait-on dire, moins de l'égocentrisme que du « corporellement centré ». Et, malgré les apparences, la superficialité que donne à voir ce paraître parle également de l'identité... en profondeur.

Les garçons aussi, bien sûr, mais dans une moindre mesure, car eux ont besoin de faire agir leur corps en l'utilisant comme vecteur d'actions dirigées vers l'extérieur. Ils se projettent au-dehors d'eux... pour se trouver dans la rencontre ou la réaction avec l'autre. C'est sans doute pour cela qu'ils taguent plus qu'ils ne se font tatouer, préférant imprimer leurs marques sur la peau du corps social plutôt que sur la leur. Et par un étrange effet qui rappelle celui du sonar, les coups ou les bleus qu'ils essuieront éventuellement en retour attesteront de leurs propres limites, comme si les butées extérieures jouaient un rôle primordial pour les contenir et les définir.

Au sein de la tribu ado, il faut pouvoir se distinguer. Ego et alter ego se cherchent, se trouvent, s'écartent, se quittent, se retrouvent puis se séparent au gré des histoires que connaissent le duo avec le meilleur ami, les couples, les trios ou quatuors d'« inséparables », les bandes et les clans. Le refus, le désir, le port et l'abandon des piercings contribuent à raconter ces parcours entre semblables et différents. L'idéal serait évidemment pour l'ado d'être reconnu comme unique parmi ses pairs. Mais le seul marquage qui pourrait en être le témoin, c'est le tatouage, or celui-ci est indélébile ! Indépendamment du refus parental, beaucoup de jeunes ados ne se sentent pas prêts à endosser « à vie » une marque qui représente avant tout pour eux la trace d'un passage. C'est aussi pourquoi ce marquage concerne surtout les plus de 18 ans. Eux peuvent avoir envie d'un marqueur identitaire puissant qui les accompagnera dans toutes les étapes de leur vie, avec l'avantage de pouvoir se porter caché, d'incarner une valeur forte et, à lui seul, peut-être de faire référence à l'histoire de la traversée adolescente. D'ailleurs, la métaphore que nous évoquons dès le premier chapitre à propos de la métamorphose pubertaire, nous la devons à Audrey, 19 ans, qui porte un charmant lépidoptère sur l'épaule. Voici ce qu'elle en dit : « Quand j'étais petite, j'étais une chenille enfermée dans un cocon. J'ai grandi, j'ai réussi à briser le cocon et me voilà maintenant capable de voler de mes propres ailes... Ce papillon, c'est moi. »

On dit les ados fâchés avec l'écriture et la lecture traditionnelles, et c'est vrai que beaucoup s'en désintéressent en faveur des médias de l'image. Les plus jeunes continuent à écrire leur journal intime dans un cahier, mais le *blog*[1]

1. Abréviation de l'anglais *weblog*, composé de *web* « réseau » et de *log* « journal ».

– cet « intime » illustré qui se montre – gagne de plus en plus d'espace et conquiert les « grands ». SMS et *chats* sont aujourd'hui, avec l'oral et l'image (l'audiovisuel, donc !), les vecteurs de communication qui semblent vouloir, sinon condamner, du moins réduire l'usage du papier en tant que support de transmission. Est-ce cette réalité qui redonne à la peau de nos ados sa fonction de parchemin, les amenant ainsi à renouer avec la primitivité de leurs ancêtres ? La question s'incruste dans nos esprits et conduit nombre d'entre nous à déplorer cet archaïsme qui résonne comme une menace risquant de balayer les acquis de la modernité. Pour beaucoup encore, la ritualisation du marquage corporel semble annoncer une néo-tribalité davantage fondée sur les croyances magiques que sur l'évolution des mentalités. Est-ce une régression ? ou bien un tournant évolutif ? À chacun d'entre nous d'en juger en observant les comportements et les pratiques des ados, souvent révélateurs de nos propres tendances. Mais sans les condamner, eux, d'en être les responsables.

VOYAGE IMAGINAIRE AU PAYS DE *TATTOO YOU*[1]

Une petite rue tranquille d'une ville moyenne. Mardi, dix heures du matin. Premier passage. Trois boutiques qui se tiennent. Dans l'ordre *Guitar Shop*, *Tattoo Shop* et *Sex Shop*.

1. Avec la complicité d'Alex, Christian, Cyril, Didier, Éric, Marc, Toro et Véro.

Toutes les trois orange vif, taguées de bleu. Tout ça ne paye pas de mine. Le même propriétaire ? Peut-être. En tout cas, le même tagueur-décorateur... Dans les années 1950, on y aurait sûrement trouvé la série « mercerie-coiffeur-cordonnier ». Un œil à la devanture du magasin de musique : pancarte « Fermé », mais petite vitrine à déguster avec, sur fond d'amplis, quatre ou cinq guitares aux formes géométriques acérées. Des guitares « métal », semble-t-il, on ne sort décidément pas du sujet... Et puis notre boutique : « *Tattoo You* », annonce-t-elle d'entrée en lettrines fluo. Et dessous, la liste des produits dérivés : piercing, branding, scarif... On y est, c'est là qu'on veut aller ! Mais la vitrine opaque a l'air de dire : « Circulez, il n'y a rien à voir. » Le petit mot discret sur la porte enfonce le clou : « Ouverture de 15 heures à 21 heures. » Un coup pour rien. On aurait dû s'en douter. Les artistes ne sont pas des fonctionnaires : ils dorment le matin.

Mercredi, dix-sept heures, deuxième essai. Cette fois, c'est ouvert. On entre. Surprenant. C'est minuscule, vingt mètres carrés à tout casser. Une dame ronde, la cinquantaine, derrière un petit bureau. C'est la patronne. En débardeur, les épaules et les bras dévorés par les tatouages. On dirait du lierre ! Une jeune fille sort de terre en montant les escaliers, une compresse sur le nez. D'accord, compris, tout se passe en bas ! Ici, c'est l'étage des formalités. Accueil aimable, mais réservé. La dame nous fait attendre. Coup d'œil circulaire : les murs sont couverts d'affiches à faire pâlir d'envie n'importe quel ado pour décorer sa chambre. Une saute aux yeux : un poster géant représentant un homme de dos avec un ange tatoué sur tout le corps ! Une œuvre d'art... Pendant ce temps-là, la dame donne un petit papier à l'adolescente qui n'a pas l'air franchement dans son assiette. C'est la fiche technique pour les soins. Tout est expliqué. La jeune fille donne 50 euros et s'enfuit comme une voleuse. La patronne est à nous. « C'est un reportage pour *Ado à fleur de peau*. On peut voir le genre des recommandations pour un piercing ? – Bien sûr, tenez ! »

Fiche de soin (Didier)

Piercing externe

– Toujours se laver les mains avant de toucher votre piercing durant la cicatrisation.

*– Appliquer 2 à 3 fois par jour du B*** en spray sur la partie piercée en veillant à bien faire coulisser votre bijou autour des chairs.*

– À la fin du premier mois, alterner avec du sérum physiologique 1 fois sur 2 et ce jusqu'à la cicatrisation complète de votre piercing.

Piercing oral

*– Prendre un bain de bouche non alcoolisé type P*** uniquement 3 fois par jour durant les 4 premières semaines après l'opération.*

– Se rincer abondamment la bouche avec de l'eau fraîche après les cigarettes ou les repas.

– Pas de rapports sexe bouche et buccal durant les 10 premiers jours.

Un contrôle de suivi sur la cicatrisation vous est proposé 5 semaines après l'opération, celui-ci est compris dans le prix de l'acte.

Merci de prendre soin de votre corps et de notre travail.

On discute un peu avant de prendre la direction de l'« antre ». On comprend qu'ici on ne joue pas avec les pièces justificatives. Pas de piercing avant l'âge de 16 ans. Accord parental exigé pour les mineurs, carte d'identité et livret de famille attestant le lien de parenté. Un peu rassuré, on descend. Autre ambiance. Grande pièce éclairée, local propre et non fumeur : c'est là que ça se passe. On se croirait un peu dans une infirmerie de lycée. Sur le côté, une paillasse, un autoclave (stérilisation à la vapeur haute pression) et un bac à ultrasons. Anna nous accueille, souriante. C'est la fille de la patronne, à coup sûr ! Dire qu'elle a du métal sur le visage ne serait pas exagéré. C'est une véritable devanture de piercings à visage ouvert ! Elle déclare que la première chose à déterminer, c'est de savoir ce que veut le client. Les ados ont généralement une idée très précise en tête. Mais il faut en discuter avec eux. C'est rarement le prix qui pose problème : le piercing coûte entre 20 et 80 euros. Plutôt l'effet recherché. Les filles ne souhaitent pas durcir leurs traits, les garçons veulent savoir de quel côté le piercing de l'oreille « fait homosexuel », etc. L'opinion de l'ado accompagnateur compte aussi beaucoup !

Les recommandations avant de pouvoir opérer ? Pas d'alcool, pas de prise de produit fluidifiant le sang. Et on veut savoir si le client a ou non un problème du type maladie du système immunitaire, maladie de peau, allergie ou cicatrisation compliquée.

De toute façon, Anna s'abstiendra de percer une peau ou une muqueuse qui présente des signes tels que croûtes, verrues, boutons, rougeurs, suintements...

Le matériel utilisé ? On est beaucoup dans le « chirurgical » avec aiguille, cathéter, gants stériles, compresses, pinces, bac à déchets (pour recueillir les aiguilles usagées), bac de stérilisation, autoclave et bijoux de pose en titane (acier chirurgical) ou en or.

L'acte de piercing en lui-même dure trente secondes et le temps de perçage, une fraction de seconde. Mais Anna va prendre son temps : une demi-heure, trois quarts d'heure pour préparer l'acte et mettre à l'aise le client. Elle explique la manière dont elle va procéder, montre le matériel, l'aiguille à usage unique. Le client est installé confortablement, la zone à percer bien dégagée. Elle se lave les mains avant chaque opération et ne se dispense jamais du port de gants durant l'opération. Elle désinfecte à fond la zone à percer avec un produit antiseptique. Elle fait un point pour indiquer l'endroit précis de perçage. Vérifie que cela convient au client. Elle se lave à nouveau les mains, enfile ses gants stériles et procède à une deuxième désinfection à l'aide d'une solution antiseptique à base de polyvidone iodée à 10 % ou de chlorhexidine alcoolique à 0,5 %. Elle prend l'aiguille ou le cathéter. *Plouf !* Même pas le temps de respirer et le perçage est déjà fait, le bijou provisoire placé. La douleur sur le moment est comparable à celle d'une prise de sang. Sûr ? Euh, en fait ça dépend des gens... Aiguille, cathéter et compresses sont immédiatement jetés. Une fois le bijou mis en place, la zone est à nouveau nettoyée à l'aide d'une compresse et d'eau stérile. Selon Anna, les qualités requises pour être un bon perceur ? Celles d'un chirurgien, dit-elle en riant. Précision, concentration et hygiène. Le perceur est avant tout un technicien !

Et le bijou ? Il est stérilisé. C'est un bijou de pose qui

doit être toléré par l'organisme et ne pas provoquer d'allergie ou de rejet. Donc, en titane ou en or. Le pierceur doit utiliser un bijou adapté à l'endroit choisi et à la morphologie du client. On ne pourra mettre des bijoux fantaisie qu'après cicatrisation complète. Il sera recommandé toutefois de les désinfecter avant de les placer.

On serait presque prêt à s'en faire poser un, là, maintenant, tant la confiance règne. Mais on n'est pas là pour ça ! Les soins après un piercing ? Attention, d'abord insister sur un point : ils doivent durer le temps de la cicatrisation et, pour certaines zones, cela peut être très long. Lorsqu'il y a des complications, la plupart du temps, c'est parce que le client a écourté le temps des soins. Pour indication, Anna nous montre une fiche établie d'après l'Aperf (Association des perceurs de France) :

Langue : 3 à 6 semaines
Lobe de l'oreille : 4 semaines
Cartilage de l'oreille ou du nez : 6 à 12 semaines
Mamelons : 2 à 6 mois (comme les organes génitaux)
Nombril : 6 à 12 mois

Le nombril, c'est si long ? Eh oui, c'est le plus long. Les filles sont souvent surprises. La cicatrisation pour un piercing est beaucoup plus longue que pour un tatouage...

Revenons aux suites après la pose. Il est normal d'observer une inflammation (rougeur, gonflement) dans les jours qui suivent. Mais cela ne doit pas durer plus d'une semaine. Pour les piercings de la peau, Anna recommande d'avoir des gestes doux, de nettoyer le bijou à l'eau tiède et au savon pour éliminer les résidus autour de l'orifice du piercing. De faire coulisser très délicatement le bijou dans l'orifice. De bien rincer à l'eau tiède ou au sérum physiologique stérile. Et de sécher à l'aide d'un linge propre. Pour nettoyer ? Utiliser une compresse et éviter le coton hydrophile qui risque de laisser des fibres. Pendant les premiers jours (7 à 10 jours), elle recommande une lotion antiseptique, mais précise qu'il faut éviter d'en prolonger l'usage au-delà.

Pour les piercings des muqueuses (lèvres, langue), elle conseille de procéder de la même manière pour la face cutanée du piercing et, pour la partie muqueuse, d'effectuer des bains de bouche antiseptiques après chaque repas pendant 8 à 14 jours. À éviter absolument : les produits désinfectants trop agressifs ou qui peuvent provoquer des allergies... ou empêcher la cicatrisation comme l'eau oxygénée.

Mais alors, il n'y a jamais de problèmes ? Si, il peut y en avoir, reconnaît Anna, la négligence du client y est pour beaucoup. La réaction inflammatoire après l'opération est normale parce que l'organisme se défend de ce qu'il considère comme l'intrusion d'un corps étranger. Mais, au-delà d'une semaine, le client doit s'inquiéter, surtout si la rougeur est accompagnée de gonflement et de chaleur locale, voire évidemment de fièvre : c'est le signe du début d'une infection... La présence de pus indique qu'elle est déjà installée. Là, il n'y a plus à hésiter, il faut consulter un médecin. Si cela cicatrise mal et si le piercing démange, c'est peut-être le signe d'une allergie au produit antiseptique ou au bijou implanté.

Les complications arrivent souvent entre le 4e et le 6e mois parce que le piercing ne fait plus mal et que le client n'en prend plus soin.

Parlons des risques de rejet... Dans 5 % des cas, cela se produit chez des personnes qui fabriquent beaucoup d'anticorps et qui cicatrisent très vite. L'arcade, c'est un rejet dans 20 % des cas ! Les garçons sont un peu refroidis quand on leur apprend ça ! Et tout ce qui est piercing de surface : les micropiercings, dans 80 % des cas ! Moi, dit Anna, je refuse d'en faire pour cette raison.

Eh bien, nous voilà renseignés, chère Anna. On peut passer au tatouage maintenant ? Anna sourit. Il faudra prendre rendez-vous avec Paul, le tatoueur. Lui, c'est un artiste !

Vendredi, dix-huit heures. On connaît la maison ! Paul accepte de nous recevoir. Allure de vieil Indien, catogan compris. Il se prête au jeu de piste. D'abord, voilà son catalogue. Même si le client sait exactement ce qu'il veut, même s'il arrive avec son papier à la main où il a dessiné le motif. Paul est fier de son travail et ça peut donner des idées. Alors, séance album photos avant toute chose et on admire ! Mine de rien, avoue-t-il, il se fait une idée de la personnalité du client pendant ce temps-là. Il pratique un art ! C'est seulement à l'issue de cette première rencontre qu'un rendez-vous sera fixé. On n'est pas dans une grande surface, dit Paul en riant, et je ne travaille pas au mètre. Pour le client, c'est mieux de toute façon de vraiment prendre le temps d'y réfléchir pour être sûr de ce qu'il veut. Un tatouage dure toute une vie, mieux vaut éviter les coups de tête que l'on pourrait regretter.

Paul fait visiter son « atelier », une petite pièce attenante à la salle du piercing. Un soupirail donne sur une minuscule cour. Pas beaucoup de lumière naturelle. Pas terrible, le décor, en fait. C'était un cordonnier qui était établi là avant, dit Paul. Tiens, on le retrouve ! La pièce est assez quelconque mais très propre et bien rangée. Il y a des casiers sur tout un pan de mur. Des bacs *clean*. Paul insiste : il faut travailler dans le propre ! C'est à ça qu'on reconnaît les vrais professionnels : le client doit toujours vérifier qu'il est entre de bonnes mains avant de confier son corps et sa peau aux aiguilles. Le tatoueur doit lui montrer le matériel avec lequel il travaille, ce avec quoi il stérilise (autoclave indispensable), les aiguilles à usage unique, etc. Le local est non fumeur. Et comme vous le voyez, piercing et tatouage sont pratiqués dans des pièces séparées. Paul avertit : lorsqu'un tatoueur rechigne à vous montrer les lieux et le matériel, c'est qu'il manque de sérieux ou qu'il a quelque chose à cacher, mieux vaut aller voir plus loin si on tient à sa santé.

À part le dermographe, les encres et les cupules, le matériel utilisé a tout du matériel médical : aiguilles, pinces, bac de nettoyage à ultrasons, autoclave, gants, compresses, acier chirurgical, etc.

Côté précautions, Paul recommande d'éviter l'alcool et tout ce qui peut fluidifier le sang, aspirine, etc. Certaines maladies sont incompatibles, comme l'hémophilie, le diabète, l'épilepsie... Les terrains allergiques posent problème s'il y a allergie aux encres et aux pigments, ainsi que les maladies de peau comme l'eczéma, les problèmes de cicatrisation et bien sûr les hépatites B et C. Autre précaution : on ne tatoue pas un grain de beauté, il faut le contourner. Mieux vaut être en parfaite santé car l'organisme va réagir à ce qu'il considérera comme une intrusion contre laquelle il doit lutter. Paul fait remplir et signer au client une fiche de protocole d'accord.

Si on en voulait un, maintenant ? On va faire comme

si, dit Paul, mais dans la réalité le client reviendra. Imaginons un bras à tatouer. Chez Paul, on s'allonge sur un fauteuil d'examen qui s'incline comme chez le dentiste. Il est recouvert d'une protection à usage unique. On se croirait presque dans une salle d'opération ! Le tatoueur se lave les mains, il enfile des gants – à usage unique, encore, comme va être le tatouage ! – et il nettoie la peau avec un produit antiseptique, un savon bactéricide, puis la rase. Il ne faut pas de poils, d'une part pour la netteté du dessin mais aussi parce qu'ils pourraient créer des complications. Pose d'un calque ou d'un transfert sur la peau pour reproduire le motif ou, c'est selon, dessin à main levée. Préparation du dermographe dans lequel on a glissé une aiguille (sous blister stérile) dont le modèle dépend du travail à effectuer. Ces aiguilles sont fragiles et souvent, plusieurs sont nécessaires pour un même tatouage. Préparation des encres que le tatoueur verse dans de petites cupules qui seront jetées à la fin de l'opération même s'il reste de l'encre. Lavage de mains.

Lorsque tout cela est prêt, le tatoueur met cette fois des gants stériles. Il appuie sur la pédale et le dermographe fait un petit bruit strident. Aïe ! Ce vrombissement éveille parfois de mauvais souvenirs et inquiète le client. Allez ! On se détend ! Paul parle au client pour le rassurer. Et il trempe l'aiguille dans l'encre avant de l'introduire dans la peau. Le principe du dermographe, c'est un peu celui de la machine à coudre : on actionne avec une pédale le mouvement d'une aiguille creuse qui troue la peau à une cadence d'enfer, 3 000 à 5 000 piquages par minute. L'encre est introduite sous la peau, de 1 à 4 millimètres selon l'épaisseur de celle-ci, par ces mouvements de piquage. Les pigments seront déposés entre l'épiderme et le derme, plus exactement au-dessous de l'épiderme et sur la partie supérieure du derme.

La séance dure un bon moment, selon la complexité du motif. Il peut y avoir plusieurs séances. La semaine dernière, Paul a fait un « tribal » à une jeune femme qui a pris six heures en trois séances. Une fois le travail terminé, le tatoueur nettoie la plaie avec un produit antiseptique car ça saigne un peu, puis il applique une pommade cicatrisante. Il fait un pansement avec de la gaze (stérile) ou parfois un film transparent. Puis il fait ses recommandations pour les soins à apporter au tatouage durant la cicatrisation, à l'oral d'abord, puis par écrit. On doit garder le premier pansement 2 à 6 heures, ensuite on le change pour en mettre un nouveau. La première nuit, l'encre va dégorger un peu et c'est normal. On nettoie le tatouage avec une lotion antiseptique douce et surtout non décapante. On sèche avec un linge propre et on pose le nouveau pansement. Après la première nuit, on évite de recouvrir le tatouage d'un pansement pour le laisser respirer sauf en cas d'exposition au soleil ou à la poussière. Si le tatouage est recouvert de vêtements, on préférera les vêtements amples et en coton. On applique la crème 2 à 4 fois par jour jusqu'à ce que les croûtes disparaissent.

Et voilà mon boulot, dit Paul en tendant la fiche technique :

Fiche de soins (Marc)

– Toujours se laver les mains avant de toucher votre tattoo lors de la cicatrisation.

– Enlever le pansement 2 heures après l'opération.
– Laver son tatouage avec un savon doux pH neutre.
*– Appliquer tous les jours de la B*** en fine couche toutes les 4 heures en massant légèrement.*
– Ne pas gratter ou arracher les peaux.
– N'exposez pas votre tattoo au soleil.
– Éviter les bains, les piscines, la mer et le sauna durant 10 à 15 jours, temps de la cicatrisation.
– Prendre soin de couvrir votre tattoo avec un vêtement ample en coton, pas de laine, Nylon...
– Ne laisser personne toucher votre tattoo tant qu'il n'est pas cicatrisé.
Respectez notre travail, nous y avons accordé le plus grand soin.
Merci de votre confiance.

Pendant que ça cicatrise, ajoute Paul, ça va démanger. Il faut absolument éviter de gratter ! Après un tatouage, il est normal qu'il y ait une rougeur diffuse et un gonflement, mais si cela dure plus d'une semaine, il faudra s'inquiéter, comme pour le piercing. Attention à l'allergie aux pigments (surtout les pigments colorés). Et si le dessin bave, si les traits sont éclatés, c'est la faute du tatoueur qui n'est pas un bon professionnel. Car c'est essentiellement dû à un problème de réglage du dermographe.

Pour conserver un beau tatouage ? Le tatouage vieillit avec la peau. Afin de le préserver, il faut soigner sa peau. Il est recommandé de ne jamais prendre le soleil sans enduire systématiquement son tatouage d'écran total, et de l'hydrater tous les jours avec une crème hydratante.

Le prix ? Une petite pièce, de 40 à 60 euros, une pièce

plus conséquente, 150 à 200 euros, voire au-delà... En moyenne, compter 80 à 100 euros.

Paul refuse-t-il certains clients ? Oui, dit-il, un mineur sans autorisation parentale, toute personne sous l'emprise de l'alcool ou de la drogue, quelqu'un dont la démarche ne serait pas personnelle et qui se ferait tatouer à la demande de quelqu'un d'autre. Et aussi tout motif jugé inesthétique ou qui véhicule des idées inacceptables. Quant au tatouage sur le visage, les mains, le sexe..., c'est *niet* !

On s'apprête à sortir, presque soulagé d'être indemne. Paul nous rattrape. Vous avez l'Internet ? Bon, voilà deux bonnes adresses, dit-il en tendant un papier. Là, on peut avoir plein de renseignements.

Sites recommandés

Pour le piercing : www.aperf.com, on peut y consulter le guide des bonnes pratiques du piercing.

Pour le tatouage : www.tatouagedoc.net, on peut y consulter les recommandations du Conseil supérieur d'hygiène publique de France (CSHP) et des tas d'autres informations sérieuses et bien présentées.

Best of du piercing et du tatouage ado

Piercing

Tendance générale : oto-rhino, bucco-faciale, avec la cerise sur le gâteau – l'ombilic !

Oreille

Chez les filles, c'est un classique, souvent discret, tendance coquetterie affirmée. Assez « sage », le piercing se situe au niveau du lobe ou du cartilage juste au-dessus. Une, deux..., trois étoiles et ce serait (presque) le septième ciel ! *Émilie, 17 ans, y a pourtant renoncé car elle passe le bac et elle a lu dans un magazine qu'un acupuncteur recommandait de se méfier du piercing du cartilage. Du coup, elle a peur que ça touche des points hypersensibles de l'oreille, comme la mémoire !*

Le piercing du haut de l'oreille est plus « rebelle ». D'ailleurs, sa pose est plus douloureuse et il est plus sujet aux infections et aux rejets. Un ou deux anneaux, et la fille peut jouer l'affranchie. *Aurore, 16 ans, avait un choix à faire pour obtenir l'accord de sa mère : ça ou des dreadlocks. Elle a choisi deux boucles de titane, assorties à la musique qu'elle aime : le heavy metal et la techno.*

Chez les garçons, le piercing du bas de l'oreille annonce soit le « baba [cool] », soit le « pirate à roulettes » prêt à surfer sur toutes les vagues. *Cédric, 16 ans, porte un anneau à chaque lobe : « Ça m'équilibre, j'adore la glisse et je crois bien en plus que je suis bi [sexuel]. »*

Quant à l'« écarteur », la pointe conique destinée à obtenir un orifice au niveau du lobe de l'oreille, beaucoup d'ados le considèrent comme l'équivalent d'une mutilation.

Inconvénients : le piercing du cartilage est douloureux et l'écarteur... plutôt à écarter si on ne veut pas garder une oreille trouée !

Nez

Promontoire central du visage, c'est l'organe de l'identité. Peu d'ados le supportent tel qu'il est et rêvent de chirurgie esthétique. En attendant, il faut essayer de le rendre attachant, séduisant, et pourquoi pas serti d'un brillant pour illuminer toute la face. Surtout féminin, le piercing est incrusté à l'aile du nez (brillant, boule) ou consiste en un anneau à la narine. *Pour Nadège, « c'est un plus. Les gens fixent mon piercing et ils remarquent moins mes boutons au menton ».*

Inconvénients : risques de complications en cas de rhume, rhinite ou nez qui coule. C'est, avec le nombril, une des zones qui s'infectent le plus souvent.

Bouche

Séduction oblige, elle doit être investie. Le piercing se porte surtout autour, sur le côté ou en dessous pour « faire éclat », comme les dents. Imaginez ce feu d'artifice avec brillants à l'oreille, un à l'aile du nez et un autre sous la bouche. Il n'y a plus qu'à allumer le regard et à rire aux éclats ! *C'est l'option qu'a choisie Chrystelle, 18 ans, pour mettre le feu aux poudres. Mais l'année prochaine, elle devra tout enlever : elle compte entrer à l'école d'infirmières...*

Le piercing-anneau de la lèvre, plus rare, affiche une tendance « arts plastiques » ou « hérissonne », tout dépend du look qui va avec. *Alexandra porte une boucle labiale noire assortie à sa tenue gothique.*

Inconvénients : risques d'érosion de l'émail dentaire et de déchaussement des gencives.

Langue

Très féminin et toujours « provoc », dans un sens comme dans un autre ! Soit pour cacher le piercing posé à l'insu des parents... et bien sûr découvert un jour en plein repas familial, soit pour entretenir la polémique à propos des « activités sexuelles » réelles ou supposées. C'est le piercing érotico-buccal ! *« Je l'aime bien maintenant, dit Estelle, 17 ans, mais au début il a fait fuir les mecs ! Et quand on me l'a posé, j'ai eu la langue comme un steak pendant dix jours... »*

Inconvénients : il faut pouvoir supporter les sous-entendus salaces et les questions très indiscrètes. Les dents le supportent aussi plus ou moins bien !

Arcade sourcilière

Très masculin, ce piercing durcit le regard. D'une manière *soft* avec l'anneau, d'une manière *hard* avec la pointe, voire la flèche en travers qui signale l'Indien à ne pas trop chercher. Le must ? La pointe de couleur assortie aux yeux ! *Mathieu, 16 ans, a l'impression de transpercer les filles d'un seul regard. Tant qu'il y croit...*

Inconvénients : les professeurs et les diverses autorités l'apprécient... très moyennement, surtout si le look et les postures jouent l'agressivité.

Nombril

Vrai (ou faux) piercing sexy indispensable à toute lolita ou bimbo qui se respecte. Il s'exhibe franchement grâce au petit haut et au pantalon taille basse, ou se suggère à travers le T-shirt moulant. *Amandine trouve le sien « charmant », elle ne pourrait plus s'en séparer... sauf quand elle sera enceinte !*

Inconvénients : il oblige à porter des pantalons ou des jupes taille basse pour éviter tout frottement. Il est douloureux et surtout très long à cicatriser (6 mois à 1 an).

Multisite

On commence à jouer les rideaux de fer... et l'excès laisse imaginer une identité en miettes.

Tatouage

Tendance générale : animalerie, tribalité... et plus si affinités !

Cheville

Généralement discret et plutôt féminin, on y trouve le petit tatouage en signe d'évasion (poisson, coquillage) ou la petite bête qui monte, qui monte (lézard). Extension ou variation possible sur le dessus du pied. *Marine, 18 ans, abrite à la cheville un minuscule lézard dont la queue contourne la malléole. « J'aurais voulu un petit rat aux yeux rouges, mais mes parents ont refusé. »*

Inconvénients : zone réputée très douloureuse. On y pense juste avant l'été..., le plus mauvais moment pour se faire tatouer. Le reste de l'année, obtenir une dispense de piscine jusqu'à la cicatrisation complète.

Bas du dos

Est-ce seulement l'os du sacrum qui en fait une région aussi sacrée ? Toujours est-il que c'est aujourd'hui le site féminin par excellence. L'hiver au café, lorsqu'on est assise et que l'on se penche un peu en avant, le string et le tribal annoncent l'ouverture de la chasse au tatouage... qui aura lieu dans quelques mois sur la plage : jusqu'où descend-il exactement ? Le top du « *down* » : le tribal maori pour sa spiritualité, mais l'imagination fait le reste ! *Hélène, 21 ans, a préféré « une fée agenouillée qui tient une sphère dans ses mains, style Loisel ». Elle ajoute : « Le monde féerique, j'adore depuis que je suis petite fille. Mon tatouage est pour moi une représentation de la création de la Terre ou de l'origine de la Nature. »*

Inconvénients : compter quatre à six heures de travail. Région douloureuse et position assez inconfortable. Au fait, dans vingt ans, on la supportera encore, la fée ? Enfin, quand on aime, on ne compte pas...

Nuque

Site féminin à la mode. La sensualité au rendez-vous, mais « coup du lapin » s'abstenir ! Le motif sera plutôt tarabiscoté, descendant le long de l'échine. Jeu possible avec les cordons du soutien-gorge ou du petit haut. *Béa, 20 ans, a choisi un tattoo géométrique pour donner un sens à sa vie : « S'efforcer de toujours rester symétrique. » Elle l'a eu pour son anniversaire.*

Inconvénients : douloureux, peu discret si on porte les cheveux courts et un dos nu. Mais est-ce fait pour être discret à cet endroit-là ?

Épaule

Ultra-classique pour les filles comme pour les garçons. Côté féminin, on jouera avec la légèreté du motif (libellule, papillon, fleur épanouie...), ou bien on misera sur la souplesse et la vivacité de l'animal sauvage que l'on a en soi (dauphin, salamandre...), à moins que l'on ne préfère les signes calligraphiés. *Véronique, 19 ans, a misé, elle, sur une petite sirène « rencontrée » à Copenhague. « À l'épaule, je suis sûre qu'elle vieillira moins que si je l'avais sur la hanche ! »* Côté masculin, l'épaule, c'est la puissance ! On est « tout venin » (scorpion, serpent), « tout flamme » (dragon) ou « toutes griffes dehors » (tigre), de toute façon à craindre et à respecter ! *Guillaume, 18 ans, porte un scorpion qui « est banalement son signe astrologique... mais aussi le nom de son groupe de rock ».*

Inconvénients : difficile d'être vraiment original. L'acné sur les épaules peut en retarder la pose.

Biceps

Typiquement masculin. Venu du surf, le tribal ceinture les muscles et annonce le fort en thèmes... de glisse. *Nicolas, 19 ans, se l'est fait offrir par sa petite amie pour la Saint-Valentin. Et comme il l'a dans la peau...*

Inconvénients : douloureux lors de la pose. Obligation d'entretenir ses muscles plus tard si on ne veut pas être ridicule.

4

Risquer sa peau

Rites de passage ou conduites à risque ?

L'ado évolue dans une société qui est elle-même en mutation. Voilà qui complique les choses ! Comment peut-il reconnaître les différentes étapes de son propre parcours lorsque les repères autour de lui changent, vacillent, se déplacent sans cesse ? Nous sommes constamment « sur lui », mais en dehors de cet enserrement qui l'étouffe, c'est le désert... L'ado aurait besoin d'un « GPS existentiel » pour savoir où il en est, et il se retrouve dans le flou des espaces et des temps. « Sans frontières ! » annoncent les publicités et les slogans politiques, tandis que la mondialisation se fait jour après jour plus insistante, globalisant le commerce et la communication. Et les temps ? Parlons-en ! Le passé est dévalué et son rejeton – l'expérience – ne vaut pas plus cher ; d'ailleurs, quand on dit de quelqu'un qu'il est *has been*, on a tout dit ! À l'opposé, le futur apparaît incertain et angoissant, formant de gros nuages menaçants à l'horizon. Alors, nous avons tendance à nous replier frileusement sur nos proches pour ne pas nous perdre, enserrant un peu plus l'ado qui crie : « De l'air ! » Espérant pouvoir le calmer, nous le gavons de conseils, de nourriture, de biens consommables. Comme il reste à fleur de peau, nous cherchons à éviter les conflits, à obtenir son accord par tous les moyens, quitte à le laisser prendre le pouvoir ou au contraire à l'empêcher de bouger. Et toujours, nous restons pétrifiés par la peur qu'il lui arrive quelque chose et par la crainte de le perdre, d'être de bien piètres parents.

Il y a de l'exagération dans tout cela ? Sans doute. Mais pour beaucoup d'entre nous, le problème se pose néanmoins de savoir si c'est notre propre peau ou la sienne que nous voulons tant préserver. Et ce besoin d'assurances qui nous caractérise, ne traduit-il pas nos errements personnels ? En quoi croyons-nous ? Que voulons-nous transmettre à nos enfants ? Comment comptons-nous jalonner leur parcours avant de pouvoir « les lâcher » ?

À défaut de balises et de gués, les ados improvisent leurs propres voies de passage pour nous échapper, avec tous les risques que cela comporte. Perçages et tatouages, bien sûr, et aussi expositions et consommations dangereuses. Pour mieux en comprendre les enjeux, un peu de sociologie s'impose...

TRADITIONS ET RITES D'HIER À AUJOURD'HUI

En matière d'éducation des enfants, tout indique que l'on est passé du carcan rigide au cocon moelleux. Dans les formes et dans les matières, tout du moins ! Car pour ce qui est de notre regard sur eux, il n'a jamais été aussi vigilant, soucieux, attentionné. Le cadre s'est considérablement assoupli au point de devenir lâche et informe, mais l'attention que nous leur portons les emprisonne, les serre de trop près, les asphyxie parfois. Ils sont le centre de nos préoccupations et ce qui était jadis collectif, partagé au sein du tissu social, se focalise sur cet espace d'évolution particulier appelé famille dont chaque enfant devient le cœur. « Cadre d'éducation prioritaire » que l'on transpose avec la même concentration dans un autre espace : l'école. Les voisins, les passants, tous les citoyens ordinaires sont, eux, réduits au rôle de figurants déchargés de toute mission éducative. Au mieux, en cas de débordement, ils font appel aux forces de l'ordre ou aux services d'urgence pour intervenir. En dehors de la famille et de l'école, c'est la rue ou la « zone » considérée comme l'espace de tous les dangers. Où et comment les ados peuvent-ils donc tracer leur route ?

Les traditions à la trappe ?

Une tradition transmet un héritage du passé. D'une génération à l'autre, elle fait passer des coutumes, des croyances et des connaissances. Son but est moins d'aboutir à des changements que de maintenir un système en place. Dans les sociétés dites traditionnelles, l'individu n'est rien s'il ne s'inscrit pas dans le groupe en se soumettant à ses codes et à ses pratiques. La marge de liberté de chacun est réduite, beaucoup de choses sont réglées d'avance en fonction du sexe, de l'âge, de la communauté d'appartenance. Le conservatisme guette, mais l'on s'y pose moins de questions existentielles personnelles du genre « Qui suis-je ? », « D'où viens-je ? », « Où vais-je ? ».

Force est d'admettre que notre société de l'abondance

et du flou n'a plus grand-chose de traditionnel, dans la mesure où l'accent est mis sur le présent et sur l'individu. Ah bon ? Vous croyez vraiment ? Regardez, la pâte de notre pain et de nos pizzas est « à l'ancienne » ! Quant aux traditions, on les respecte comme jamais : nous faisons ripaille et échangeons des cadeaux pour Noël, le Jour de l'an, Pâques, la fête des Mères...

La réalité moins enthousiasmante, c'est que nous confondons tradition et consommation. Notre société, entraînée par l'essor considérable des sciences et des techniques, se caractérise par des changements profonds qui ont modifié en peu de temps nos modes de vie et nos mentalités. Nous évoluons dans une « société du sujet » qui se veut également technique et innovante, pragmatique, en prise directe sur le réel et les lois du marché. La consommation y prend largement le pas sur la tradition. Les bons côtés ? Il y en a, bien sûr ! Notamment en termes de confort matériel, d'instruction, de libertés individuelles... Mais la reconnaissance affirmée de l'individu laisse chacun bien seul pour trouver sa place, se définir et ce, depuis son plus jeune âge. Le bébé est une personne et il est choyé comme jamais par ses parents ? Certes, mais il devra beaucoup compter sur lui-même pour se dégager de cette emprise et s'affirmer en tant que sujet !

Il y a d'autres mauvais côtés. À commencer par une moindre solidarité groupale, avec un risque majeur d'individualisme. Et contrairement à ce que l'on prétend, on assiste au renforcement de certaines inégalités liées au pouvoir d'achat et de consommation. Dans notre société, quelle place peut occuper le non-consommateur ? D'une manière générale, on constate une perte de la valeur des contraintes, des règles et des lois, tandis que le sens moral est à géométrie variable et que l'on éprouve des difficultés croissantes à concilier le matériel, le spirituel et l'affectif. On s'agite beaucoup, mais chacun a du mal à connaître sa position. Or si les adultes ont des problèmes à ce niveau, comment peuvent-ils aider les ados à se situer ? En dehors de l'amour pour leurs enfants, on sent bien aujourd'hui que les parents ne savent plus trop quoi leur transmettre. La valeur du travail et de l'honnêteté ? Oui, bien sûr, mais le doute conteste l'insistance à « faire des efforts », puisque rien n'assure que ceux-ci seront récompensés un jour. Prendre soin de sa santé ? Évidemment, mais il s'agit d'un souci d'adultes. Pour les ados, être en bonne santé, c'est « être bien dans sa peau, dans sa tête », tandis que la notion de capital santé reste, à cet âge, un concept vague et lointain. Faire attention, penser à l'avenir, éviter les excès, sont autant de principes plutôt vécus par les jeunes comme des injonctions destinées sinon à exercer une emprise sur eux, du moins à les contrôler. Toute recommandation trop insistante est, en la matière, considérée comme suspecte et peut même devenir un sujet d'affrontement, surtout si les conseilleurs ne semblent pas appliquer eux-mêmes les principes qu'ils énoncent.

Comme toujours face à des problèmes qui nous dépassent, notre point de vue est soit obscurci par le pessimisme le plus noir, soit déformé par l'optimisme le plus béat. En l'occurrence, faut-il faire le constat que rien ne va plus et prôner le retour à la tradition pure et dure ? Ou bien doit-on plutôt s'en remettre à la bonne étoile de chacun et au magnifique destin des hommes, sans s'interroger davantage ? Nombre d'ados, même s'ils n'en ont pas conscience, nous invitent à adopter une autre position : celle qui consiste justement ni à tout noircir ni à se voiler la face. Ils refusent de rester « collés » à nous, confondus, mélangés, mais ils ne veulent pas pour autant que l'on disparaisse ! Ils attendent d'avoir affaire à des adultes responsables qui assument leurs convictions, même si elles sont « d'un autre âge », et qui se montrent ouverts – entendons capables d'accepter que certains points de vue puissent se discuter. Ce que les ados détestent, c'est l'intransigeance du genre : « De mon temps, c'était comme ceci ou cela, il en sera donc ainsi pour toi ! » À l'image des changements qui s'opèrent en eux, ils ont besoin d'apprécier notre propre capacité à évoluer.

Ils sont d'ailleurs particulièrement sensibles à la manière dont nous appliquons les principes de tolérance, de respect des différences en fonction de l'âge, de la couleur de la peau, ou encore des coutumes, des pratiques et des croyances qui nous sont étrangères. Parfois même, ce sont eux qui nous rappellent nos origines et qui nous reprochent de nous en écarter ! N'oublions pas qu'ils ont besoin de nous contester... Pour rassurés qu'ils soient par nos attitudes d'ouverture, ils ont besoin de se confronter à notre façon de voir la vie, pour trouver la leur. Nous devons donc assumer notre rôle de parents et d'adultes, et le faire à partir de ce à quoi l'on croit, mais en cherchant à nous adapter à l'évolution des mœurs.

De toute façon, revenir en arrière est impossible, et le pire serait de baisser les bras. Nous ne parviendrons évidemment pas à une adaptation idéale. Il y a des aspects à propos desquels nous resterons *has been* à leurs yeux ! Surtout qu'il y a une part de vérité qui nous échappe dans cette expression : *adolescens* est le participe présent d'*adolescere*, *adultus* en est le participe passé ! Peu importe.

Ce qu'espèrent les ados, c'est que nous leur proposions des cadres d'évolution acceptables. Les temps et les espaces consentis doivent non seulement articuler contraintes et libertés, mais aussi évoluer selon l'âge. Les besoins ne sont pas les mêmes à 14 ans et à 17 ans. Et les « barrières » qui bordent ces champs demandent à être assez souples pour ne pas s'effondrer au moindre choc. Ces barrières relèvent bien sûr de notre propre éducation et de nos préjugés. À nous d'en revisiter la composition et la disposition pour les modifier, arrondir les angles, tenir compte des changements de mentalité, de l'évolution de l'ado. Il ne s'agit pas de tout changer sans arrêt, encore moins d'osciller d'un extrême à l'autre.

Un exemple ? On ne doit pas accepter sans broncher qu'un soir l'ado prenne son repas dans sa chambre sous prétexte qu'il a un jeu vidéo à finir, et le lendemain lui imposer de rester à table en famille, en se tenant droit et en ne mettant pas les coudes sur la nappe ! Manger est un acte culturel, et partager les repas à la maison est une donne qui équivaut à une barrière. L'assouplir, c'est comprendre que l'ado n'apprécie pas les dîners interminables et qu'il sera peut-être autorisé, ce soir-là, à quitter la table au dessert.

Même discutables, des bornes sont des bornes et tant qu'elles ne reposent pas sur des règles farfelues ou trop rigides, elles conviennent parfaitement. Les parents doivent y réfléchir et en discuter entre eux. Une idée de piste ? S'efforcer de percevoir ce que la règle énonce d'un point de vue métaphorique. Il faut chercher les correspondances entre le sens propre et le sens figuré. Dans l'exemple que nous venons de donner, la demande de l'ado concerne un loisir, une détente qu'il veut déguster dans son coin. Et l'autorisation est accordée comme une douceur... au moment du dessert.

Plus généralement, les seuls critères de performance et de rentabilité ne doivent pas se substituer aux barrières circonscrivant les espaces d'évolution. Au-delà des règles et des lois, en dehors également des pratiques domestiques, nous devons avoir à l'esprit que les ados ont surtout besoin d'étayage. Lorsque nous parvenons à ne pas être trop « collants », possessifs, intrusifs, ils sont beaucoup moins épidermiques et se montrent prêts à échanger avec nous autour des grandes questions concernant l'amour, la mort, le respect de soi et de l'autre, les plaisirs, les souffrances et les renoncements. D'ailleurs, profitons-en pour tempérer le pessimisme ambiant : consommateurs de la première heure et très égocentrés en famille, certes les ados le sont ; mais lorsqu'on leur demande ce qu'ils voudraient faire plus tard, beaucoup parlent d'engagement humanitaire et de métiers en rapport avec l'aide et l'assistance aux malades ou aux plus démunis. Un élan vers davantage de solidarité et de générosité ? une envie de s'y consacrer ? Oui, d'une manière évidente. À charge pour les adultes de soutenir de tels projets sans les tuer dans l'œuf, sous prétexte qu'ils relèvent d'une certaine utopie. La croyance est indispensable à toute forme d'engagement.

Et les rites de passage ?

Avant toute chose, il convient de préciser que la notion de rite est ici entendue au sens fort, et non comme une routine faite d'habitudes ayant tendance à se reproduire.

Un vrai rite est une suite réglée d'actes ou de pratiques s'effectuant au cours d'une cérémonie. Rien n'est improvisé, tout est au contraire prescrit et doit s'exécuter selon un ordre établi, codifié. La répétition immuable est également inhérente au rite qui ne tolère pas de déviance et dont la finalité est à la fois de justifier un ordre et d'y soumettre des novices ou des pratiquants. Cet ordre sous-tend des croyances partagées ou une foi, ainsi qu'un domaine réservé, comme c'est le cas dans le culte religieux et les pratiques magiques.

Les rites dits « de passage » forment un ensemble spécifique. Ils préparent ou accompagnent le passage d'un état ou d'un statut à un autre. Dans la vie humaine, ils marquent évidemment la naissance, le mariage et la mort. Mais ils servent aussi à l'intégration des générations nouvelles dans une communauté donnée, à travers l'initiation, « passage » qui consacre l'accession à un état réputé supérieur de l'être. Seule l'initiation confère aux jeunes l'appartenance plénière à la communauté ; la circoncision et le baptême en sont des exemples bien connus. Aspect essentiel de l'initiation : celle-ci repose sur des codes qui ont une signification symbolique dont la compréhension n'est ni totale ni immédiate. L'intérêt d'un symbole est d'offrir plusieurs niveaux d'interprétation. L'initiation marque solennellement une entrée qui s'ouvre sur un véritable parcours, car ce premier niveau dont le sens est évident conduit à d'autres niveaux d'interprétation non dévoilés d'emblée. Il y a donc là encore une voie de progression possible, un véritable passage. Les secrets ou les mystères des rites sont en grande partie liés à ces « étapes de connaissance ». Dans les sociétés traditionnelles, outre la naissance,

Les rites de puberté dans les sociétés traditionnelles

Ils marquent le passage de l'enfance à l'âge adulte et ont pour caractéristiques d'être :

– circonscrits dans le temps (quelques jours à quelques semaines) ;

– collectifs (ce n'est pas un sujet isolé qui chemine mais l'ensemble d'une classe d'âge) ;

– encadrés par les adultes (eux-mêmes sous la direction des anciens) ;

– ritualisés et initiatiques (c'est la « mort de l'enfance » et la lutte du sujet contre la souffrance qui symbolisent son accession à l'âge adulte).

Tous les rites de renaissance et leur symbolisme indiquent que le novice accède à un autre mode d'existence, inaccessible à ceux qui n'ont pas affronté les épreuves initiatiques, c'est-à-dire à ceux qui « n'ont pas connu la mort ». Rappelons cette caractéristique de la mentalité archaïque : il est impossible de modifier un état sans l'abolir au préalable, en l'occurrence, sans que l'enfant meure à l'enfance pour devenir adulte. L'initiation est toujours une tentative de maîtrise collective de la mort, une mort de la mort, ritualisée, portée par le groupe. Elle n'a pas pour but de décimer les jeunes novices, ni de sélectionner parmi eux les plus fragiles ou les plus résistants.

Avec une constance qui semble se jouer des continents et des ethnies, les rites de puberté diffèrent selon le sexe. Chez les garçons, ils s'effectuent collectivement et comprennent trois temps forts :

– une phase de séparation brutale, au cours de laquelle les enfants estimés prêts au passage sont « arrachés » au monde des femmes et font l'objet de diverses scarifications qui matérialisent cette « coupure » ;

– une étape de mise à l'écart des novices (ségrégation) dans un espace spécial situé hors de la communauté ; considérés comme « morts » ou en train de naître, ils se prêtent à des sévices destinés à témoigner de leur aptitude à supporter la souffrance ; ils bénéficient aussi d'enseignements dispensés par les hommes les plus âgés de la communauté ;

– une phase de réintégration (agrégation) au cours de laquelle les novices « réapprennent » d'abord les gestes de la vie quotidienne, puis sont accueillis par le groupe à l'occasion de manifestations festives. Celles-ci signent la reconnaissance de l'individu par la collectivité et renforcent son sentiment d'appartenance.

Chez les filles, les mutilations corporelles, lorsqu'elles sont pratiquées, sont effectuées bien avant l'adolescence. Les initiations de puberté sont individuelles, déclenchées par l'arrivée des premières règles. Ce sont les menstrues qui commandent l'arrachement de la jeune fille à son monde familier. Elle est alors isolée de la communauté pendant quelques jours, doit se livrer à des rites de « purification » et de marquage corporel, puis est accueillie par le groupe avec le statut de femme susceptible de s'unir et d'avoir des enfants.

l'union et la mort proprement dites, les rites de passage marquent également le franchissement pubertaire, d'où leur autre appellation de rites de puberté. Au cours de ces cérémonies, un rituel hautement symbolique fait « mourir » les jeunes à l'enfance et les fait « renaître » en tant qu'adultes (voir encadré). Nous en avons une vision dominée par la cruauté ou la barbarie apparente des épreuves auxquelles sont soumis les novices mais, replacées dans leur contexte, elles ont une fonction d'intégration essentielle : en s'y soumettant, les jeunes acceptent et reconnaissent l'autorité et la domination des anciens ; d'autre part, ils montrent qu'ils sont dorénavant capables d'affronter la souffrance et la mort, donc la vie, ce qui les autorise à prendre place dans le groupe en tant qu'individus matures.

Où en sommes-nous dans notre société ? Des codes, nous en avons à profusion, mais ce sont des suites de chiffres destinées à marquer nos produits, filtrer les entrées, sécuriser nos cartes bancaires ! Les passages de la vie, eux, ne sont plus encodés... À l'évidence, pour la majorité des jeunes, les rites dignes de ce nom s'amenuisent ou disparaissent. Les pratiques religieuses semblent diminuer, sauf peut-être celles de l'islam pour certains ados en quête d'identité et de repères structurés. Concernant la religion catholique, qui est à la fois la plus répandue et la plus enracinée dans l'histoire de France, les étapes clés que constituent le baptême, la profession de foi et la communion solennelle sont loin de connaître la diffusion et la reconnaissance qu'elles avaient auparavant. Les rites laïcs représentés par certaines formes d'engagement dans la politique ou le sport connaissent la même érosion faite à la fois d'affaiblissement de sens et de désaffection croissante. Il existe bien sûr des ados qui pratiquent avec ferveur la religion, la politique ou la vie sportive. Ceux-là bénéficient d'un cadre et d'occasions de regroupement qui leur fournissent un étayage rassurant. Mais, pour la plupart des ados, les rites laïcs se réduisent au BAFA [1], au permis de conduire et au bac, trois passages apportant, pour le premier, une possibilité d'emploi occasionnel, pour le deuxième, une plus grande autonomie, et pour le troisième, une entrée possible dans la vie étudiante. Aussi consternant que cela puisse être, les « passages automatiques » que représentent l'accès à la majorité civile et pénale (sauf dans les rares cas d'émancipation) et le droit de vote sont peu saisis comme de réels passages par la plupart des ados. Tout au plus, leur imminence peut servir de levier de revendication face aux parents et aux adultes. Quant à la « journée d'appel et de préparation à la défense » qui s'est substituée au service militaire, son contenu et sa durée ne peuvent avoir valeur de rite.

L'adolescence, censée être un temps de transition, s'étire démesurément sans frontière définie, ni pour la borner, ni pour la subdiviser en stades ou étapes. Son début ? Il s'ébauche en pleine enfance, avant la puberté, et se traduit par des réactions d'allergie aux parents et des demandes de consommation ! Sa fin ? Elle devrait correspondre à l'entrée

1. Brevet d'aptitude aux fonctions d'animateur de centre de vacances et de loisirs. Accessible aux candidats âgés de 17 ans révolus, la formation nécessaire au passage de ce diplôme d'encadrement se compose de trois étapes (dont deux sessions théoriques et un stage pratique). Pour en savoir plus, consulter le site www.jeunesse-sports.gouv.fr.

dans l'âge adulte, mais il est bien difficile de dire à partir de quand celle-ci est effective, lorsque tout concourt à maintenir les jeunes en situation de dépendance à l'égard de leurs parents, notamment sur le plan matériel (études prolongées, chômage, emplois précaires). D'ailleurs, on connaît tous des 20-25 ans qui ne savent pas eux-mêmes s'ils sont de « vieux adolescents » ou de « jeunes adultes » !

Au sein de cette vaste nébuleuse qu'est la planète ado, les repères fournis par les adultes sont principalement ceux du cadre scolaire, dont les trois grands « passages » (sixième, seconde, bac) permettent de différencier les écoliers, les collégiens, les lycéens et les étudiants. Ces étapes sont reconnues par tous, d'ailleurs peut-être un peu trop en l'absence d'autres repères qui mettraient moins l'accent sur la seule situation scolaire. « En quelle classe es-tu ? » et « Que veux-tu faire plus tard ? » sont deux questions qui ne suffisent pas aux ados pour se définir et parler de leurs projets. Pour lisibles que soient ces passages, leur valeur initiatique dépend beaucoup des conditions d'intégration familiale et sociale, malgré le rappel constant à la devise « L'école pour tous ». Les ados qui n'ont pas trop de problèmes personnels ou qui vivent dans un environnement aisé pourront plus facilement conforter leur « intégration » à travers un parcours scolaire sans embûches majeures. En revanche, ceux qui sont en mal-être ou qui évoluent dans des milieux défavorisés seront plus nombreux à quitter le système scolaire en cours de route sans diplôme. Les uns et les autres n'ont, de toute façon, aucune garantie d'intégration sociale future. Même si ceux qui poursuivent des études ont plus de chances de trouver un travail, tout le monde sait bien qu'il ne suffit pas d'être qualifié pour obtenir un emploi. Cette réalité est aujourd'hui un problème crucial de société.

D'autre part, si le religieux et le politique ont à se préoccuper des moyens à mettre en œuvre pour mobiliser davantage les ados, l'ensemble du corps social doit se méfier de la montée en puissance des mouvements sectaires. Comme toujours, la nature a horreur du vide ! La place laissée vacante par la désaffection des croyances et des convictions citoyennes risque d'ouvrir aux sectes de véritables boulevards, d'autant que celles-ci se montrent très actives en direction des jeunes... et qu'elles ne sont pas avares en rites d'intégration. Il en est de même de certains mouvements extrémistes dont l'émergence apparemment « spontanée » cache de véritables dispositifs de recrutement.

Dans le domaine de la vie sociale, force est de constater qu'il existe bien des lois régulant divers accès et passages en tous genres (sites Internet, programmes télévisés, vente des substances psychoactives, entrée des discothèques, fermeture des bars, etc.), mais les limitations restent centrées sur les consommations ; elles varient en âge (et même en heure), laissent floues certaines distinctions (moins de 15 ou 16 ans, majorité), sont difficiles à appliquer et font souvent des parents les seuls garants du cadre proposé.

Enfin, au contraire de ce qui se passe dans les sociétés traditionnelles, toutes les dispositions sont mixtes, ce qui est certes un vrai progrès démocratique du côté de l'égalité citoyenne hommes-femmes, mais pose néanmoins un problème éducatif en ce qui concerne l'encadrement des ados. Il ne s'agit pas ici de contester le principe général de la mixité, mais de souligner que certains aménagements doivent en pondérer les excès afin de prendre en compte les différences filles-garçons. On sait que les filles, plus mûres, se soumettent aussi plus docilement aux cadres imposés, notamment sur le plan scolaire. Mais on sait également que leur puberté plus précoce les gêne, notamment lorsqu'elles ont à exposer leurs formes corporelles devant des garçons hilares, au cours des activités sportives obligatoires. C'est à cause de cela que tant d'attestations de dispense de piscine sont produites en collège chaque année ! Les garçons ont, eux, davantage besoin de se heurter aux règles pour les intégrer. Ils sont souvent peu motivés par les exigences scolaires et souffrent des comparaisons établies avec les filles. Ils supportent mieux les devoirs de groupe et se plient plus facilement aux contraintes imposées collectivement. C'est peut-être pourquoi les rites de puberté des sociétés traditionnelles sont individuels pour les filles et collectifs pour les garçons.

Laissons aux responsables qualifiés le soin d'imaginer et d'expérimenter des solutions susceptibles de mieux intégrer les jeunes dans le monde du travail et des idées. Mais insistons pour que ces responsables prennent conscience du besoin qu'ont les ados d'être reconnus à une vraie place, d'y jouer un vrai rôle, non d'être de simples figurants et encore moins un public de laissés-pour-compte. Cessons en particulier de croire que les stages peuvent avoir réponse à tout. Au lieu de constituer de nécessaires étapes pratiques sur la voie d'un apprentissage, avouons que ce sont parfois des « temps morts »... destinés à tuer le temps, faute de projet ! Les jeunes stagiaires qui occupent d'évidents strapontins savent qu'ils sont alors assimilés à des spectateurs surnuméraires. Contrairement à ce que l'on croit, les ados sont loin d'être hostiles au fait de passer des épreuves. Nous allons voir d'ailleurs qu'ils ne s'en privent pas en s'inventant des rites bien à eux. Mais, au-delà de l'expérience acquise en tant qu'acteurs véritables, ils veulent que les étapes franchies soient attestées, officiellement validées, qu'elles mettent en valeur leur progression... et qu'elles débouchent sur une reconnaissance, une réalisation effectives. Pourquoi sont-ils aussi friands d'émissions comme la *Star Academy* ? Parce qu'elles permettent de révéler des talents jusque-là inexploités, et que le travail demandé – même s'il est difficile et ponctué de commentaires acides – laisse envisager une reconnaissance et une réussite futures.

Au début des années 2000, lors des rencontres régionales des états généraux de la santé ayant servi de base à un rapport sur la santé des jeunes[1], de nombreux ados se sont exprimés pour dire qu'ils ne se sentaient pas reconnus par les adultes comme des acteurs à part entière. Ils déploraient surtout un manque d'échanges avec les adultes au sujet de l'école, de la drogue, de la sexualité, se sentant trop exclusivement destinataires de « précautions à prendre », plutôt que partenaires de discussions sur de tels thèmes. Mais beaucoup critiquaient aussi l'accent mis sur la préservation de la santé au détriment d'autres sujets qui les concernent et les intéressent. C'est ainsi qu'a émergé à plusieurs reprises... la question de la distribution des prix en milieu scolaire ! N'est-ce pas la preuve, là encore, d'un besoin de distinction ? Face à des adultes interloqués, des ados soulignaient l'importance d'être justement récompensés de

1. X. Pommereau, *Santé des jeunes : orientations et actions à promouvoir*, rapport remis au ministre délégué à la Santé, 2002. Disponible sur le site www.sante.gouv.fr.

leurs efforts, pas seulement dans le domaine des matières enseignées, mais dans celui, plus vaste, des relations aux autres (respect, politesse, franchise...). Une autre idée étonnante a été soulevée et débattue lors de ces rencontres : celle d'instaurer un service humanitaire ou civique d'une durée de un mois... applicable à tous les ados, durant l'été de leurs 18 ans. À condition de concerner tous les jeunes de cet âge, sans dispense ni ségrégation d'aucune sorte, ont précisé les ados acquis à cette disposition, et « qu'ils aient un vrai rôle », ont-ils ajouté. Surprenant de la part d'ados réputés égoïstes, n'est-ce pas ? Plutôt que de balayer d'un revers de main ces propositions jugées farfelues et irréalisables, sans doute devrions-nous au contraire les travailler avec les jeunes, en faire des thèmes de rencontre et d'échange. Car derrière le besoin de reconnaissance et celui de se rendre utile, s'en profile un autre : celui de pouvoir se confronter à la souffrance et aux représentations de la mort, pour les intégrer et donner contours et substance à sa propre vie. L'attirance des ados envers les actions humanitaires traduit cette quête, dans une société qui, d'un côté, prétend éradiquer la souffrance et faire reculer la mort, et qui, de l'autre, expose à longueur de journée sur les écrans les horreurs les plus sanglantes. Toute souffrance est considérée comme insupportable et l'on cherche à écarter ce qui peut faire violence à chacun en son for intérieur (souffrir, se déterminer, assumer, vieillir, mourir...). Et si l'on doit se réjouir de voir la lutte contre la douleur figurer dorénavant dans les programmes de soin des hôpitaux, force est de constater que cette conscience nouvelle coïncide avec l'affirmation d'évitements à visée « antalgique » qui ne favorisent aucun travail psychique de la souffrance. C'est le cas lorsqu'on préconise la fuite et l'oubli pour rompre avec ses démons intérieurs (voyages, médicaments psychotropes), lorsqu'on escamote les rites funéraires (réduits à leur plus simple expression, voire cachés aux plus jeunes), ou encore lorsque la pratique du *debriefing* d'urgence s'applique « à chaud » aux victimes d'une catastrophe, plutôt que de leur fournir la compassion, le soutien, la chaleur humaine... et les couvertures susceptibles de les réchauffer.

C'est sans doute aussi parce qu'ils sont écartés de toute expérience jugée « traumatique » ou « violente » qui les confronterait à la souffrance et à la mort dans la vraie vie, que tant d'ados – à défaut d'en ressentir les émotions – tentent d'en éprouver les sensations. En images, à travers films et jeux vidéo ultra-violents disponibles sur le marché ou sous le manteau. En actes, également, à travers diverses prises de risque dont nous allons rappeler les plus courantes.

RECHERCHE RITES DÉSESPÉRÉMENT

Pour intégrer la planète ado, il faut en éprouver et partager les *marques*. On a vu que la seconde peau du look en était le passeport et que celui-ci pouvait comporter des signes particuliers, véritables codes d'appartenance à tel ou tel sous-groupe plus ou moins radical. Ces signes peuvent marquer la peau elle-même pour revendiquer une adhésion proprement « tribale » à travers le piercing ou le tatouage. Et distinguer les ados ainsi *imprimés dans leur chair* des autres, notamment lorsque l'endroit ou l'ampleur du marquage laisse supposer qu'il a fallu en supporter la réalisation, donc la douleur. Mais les pratiques d'intégration font également appel aux défis et provocations les plus divers pour *s'exposer* au regard et aux dangers, en somme se faire « re-marquer ». Quant aux consommations, elles servent à se distinguer et à se démarquer, qu'elles concernent la nourriture ou l'usage de toxiques. De véritables communions entre pairs se déroulent ainsi dans des espaces réservés que les parents ne fréquentent habituellement pas, que ces espaces soient fixes (fast-food, bar « d'jeuns », discothèque) ou variables (*free-party*). Peut-être vaut-il mieux d'ailleurs que nous ne fassions qu'imaginer ce qui s'y passe, car certains d'entre nous seraient horrifiés. Nos règles diététiques ? Elles sont bafouées ! Notre représentation de la fête et de l'amusement ? Elle est entièrement « révisée », façon transes et *trash*, dans des atmosphères saturées de musique, de fumée et de substances psychoactives. Et les ados, tels des étourneaux insouciants et moqueurs, se gavent..., parsemant jusque sous nos fenêtres leurs déjections nocturnes. Un dur retour à l'envoyeur : on les gave, ils se gavent, et nous ramassons !

La « magie » de l'ambiance participe des offrandes, communions et passages auxquels ils se livrent, parfois malheureusement jusqu'aux sacrifices. De telles pratiques sont hâtivement présentées comme équivalentes aux rites initiatiques propres aux sociétés traditionnelles. Il est vrai qu'elles en partagent certains traits (rupture avec le passé, inscription d'un nouvel état signant un affranchissement, aptitude à faire face à une épreuve violente), mais elles s'en distinguent par la nature même de l'intégration qu'elles symbolisent. Il s'agit en effet de conduites privées qui possèdent une valeur transgressive, même si celle-ci perd de sa violence sous l'effet de la mode, visant une intégration au sein de la tribu ado, non la soumission à l'ordre social. Plus ou moins subversif, le partage entre semblables permet aux ados de faire corps avec leurs pairs, les regroupant autour d'une volonté commune d'autodétermination qui conteste la transmission parentale.

Leur quête est bien celle de rites, mais l'insuffisance des « passages » que leur proposent les adultes les conduit à s'inventer des pseudo-rites de franchissement... pouvant les faire passer en zone rouge. Même si certains de leurs « rituels » nous frappent par leur apparence structurée, ne soyons pas dupes du caractère « limite » de ces conduites censées « affranchir », être auréolées de mystères et indiquer qu'il a fallu supporter de souffrir pour les mettre en actes. Les « besoins » qu'ils expriment tiennent davantage de manques à combler que de parcours à réaliser. Mais comme les épreuves de marquage corporel et d'usage de drogues sont précisément employées dans les rites des sociétés traditionnelles, nous avons tendance à confondre ressemblance et équivalence. Or on est aujourd'hui bien loin de ces rites d'intégration. Faute d'être encadrés par les passeurs du corps social, nos ados en quête de marques de franchissement sont trop souvent prêts à se livrer à certains « passeurs » appelés *dealers*... et à s'exposer aux risques de leur propre désintégration.

Soyons clair : le recours par nos ados à de tels outils « traditionnels » censés produire transcendance et passage symbolique signe la déliquescence de nos rites, plus qu'il ne correspond à une démarche d'intégration sociétale. D'ailleurs, lorsque les ados se livrent à des « rituels » qui s'imposent à eux et les dépassent, c'est qu'ils sont en grande souffrance identitaire.

Dans la plupart des cas, il est bien question de se soumettre à des épreuves, mais celles-ci sont largement improvisées et, surtout, elles n'ont pas pour but d'articuler le passé, le présent et l'avenir afin de garantir l'unité et la continuité du groupe. Elles visent plutôt à « trancher » avec le monde adulte et à obtenir des sensations pour trouver ses propres limites et se sentir exister. Il s'agit de la sommation d'actes privés dont le total ne forme pas un ensemble cohérent. Ce n'est pas non plus l'obéissance qui les fonde, mais au contraire la transgression, avec l'envie de conserver de l'enfance l'illusion d'une maîtrise toute-puissante, à la mesure de la vulnérabilité que les ados ressentent en eux. Pratiques dangereuses, qu'aucun véritable cadre ne vient contenir, exposant chaque ado à un risque individuel dont il doit seul assumer les conséquences. Pratiques sans cesse remaniées au gré des courants, et dont l'homogénéité apparente est surtout liée à la puissance et à la rapidité des moyens modernes de communication.

D'autre part, ces conduites ont pour objectif d'intégrer la tribu ado, mais celle-ci est une communauté très particulière. Elle est d'abord intra- et non intergénérationnelle, et les transmissions qu'elle favorise sont souvent des conduites de consommation destinées à combler un vide, un manque. Elle est ensuite disparate, faite de groupes et de bandes d'appartenance qui changent, fluctuent, comme le corps adolescent lui-même. Les ados s'y déterminent surtout à travers des apparences et des pratiques identiques. Et même lorsque des épreuves d'intégration s'y déroulent, l'absence de cadre et de balises les rend particulièrement dangereuses, à l'instar des dérives actuelles du bizutage. Celui-ci était autrefois réservé à des communautés institutionnelles à forte identité (grandes écoles, armée...) et il était strictement encadré par les adultes. Certes contestables à travers le caractère humiliant, voire sadique des brimades auxquelles devaient se soumettre les « nouveaux » pour rejoindre les « anciens », les épreuves de bizutage étaient contenues et légitimées par les adultes, ce qui réduisait les risques de débordement et d'accident. Il n'en est pas de même aujourd'hui dans les épreuves anarchiques et improvisées que certains ados infligent à d'autres en milieu scolaire.

Sans vouloir noircir le tableau, reconnaissons que la formation de cette nouvelle nébuleuse nommée planète ado met en évidence les difficultés d'articulation intergénérationnelle au sein de la société du sujet. Les parents s'écartent de leurs propres parents et connaissent un appauvrissement des relations familiales élargies. Ils sont en revanche trop « sur les ados » qui, eux, s'emploient à prendre leurs distances au plus vite pour intégrer la communauté des pairs, dont la constitution relève surtout du partage d'apparences et de pratiques.

Le goût du risque

L'origine du mot « risque » est discutée, mais les lexicographes en font le plus souvent un dérivé du latin *resecare*, « enlever en coupant », employé spécialement dans le domaine maritime à propos d'un écueil pouvant déchirer la coque d'un navire. Prendre des risques reviendrait donc à s'exposer au danger de se faire « écorcher » plus ou moins gravement, avec la menace d'un possible naufrage. Or si dans toute vie humaine, il y a des moments qui correspondent à des sorties en mer risquées mais nécessaires (sans quoi on ne s'exposerait jamais à rien), pourquoi les ados aiment-ils tant tirer des bords à proximité des récifs ?

Eh bien, pour le comprendre, restons au plus près de la métaphore marine. D'abord, ce sont des marins inexpérimentés qui ne possèdent encore ni l'art de naviguer, ni la connaissance des écueils. Ils ont besoin de s'en approcher pour en percevoir les dangers, quitte à ce que leur coque frôle la roche. Et souvent rien ne sert de leur en donner la carte au préalable, car tant qu'ils n'ont pas vu de leurs yeux le danger, cela reste des données livresques – entendons des recommandations parentales. Ensuite, épris de liberté et ivres de sentir l'air du large, ils éprouvent ainsi des sensations fortes, ce qui est aussi une manière de faire taire la peur de l'inconnu, la nostalgie du port d'attache et les émotions qui s'y rapportent. Ils ne sont d'ailleurs pas peu fiers de savoir que l'on suit, de loin, leurs exploits à la jumelle. Et qu'il est bon d'avoir l'allure d'un vrai loup de mer devant les autres marins ! De pouvoir aussi se raconter à la belle étoile les tempêtes les plus terribles, en brodant un peu pour mieux captiver l'auditoire. De se parer, surtout, des attributs ad hoc : la démarche chaloupée, la résistance au rhum, l'habitude de la chique, le piercing et le tatouage sont évidemment les marques des « vrais » cap-horniers...

Les principales épreuves auxquelles s'exposent les ados d'aujourd'hui ne sont-elles pas du même tonneau ? C'est à la maison, le dimanche, vers 13 heures, lorsqu'ils émergent ébouriffés de leur chambre-cabine pour passer à table, que nous évaluons les dégâts. Certains semblent épuisés et défaits, comme s'ils étaient rentrés bredouilles d'une nuit de pêche en mer. D'autres ont plutôt l'air de marins à peine rentrés de permission, cuvant encore une nuit de débauche passée à quai. Mais, pour mieux se démarquer des parents, continuer à prendre le large, beaucoup sont tentés d'en rajouter dans le registre de l'hébétude afin de nous signifier qu'eux sont sortis, et pas nous ! Nous nous extasions d'ordinaire sur leur teint frais et dispos ? Les voilà froissés, mâchés comme de vieux journaux ! Pas longtemps. Car la magie de l'adolescence leur restituera rapidement une peau sans dommage, tandis que la nôtre continue inexorablement à se friper par l'âge plus que par les excès. Comment ne pas leur en vouloir de toutes ces attaques qui ne disent pas leur nom ?

Voilà les ados en train de rejouer, sans le savoir, les aventures maritimes de leurs ancêtres ! Le problème est qu'ils le font sans capitaine ni quartiers-maîtres, à des distances des côtes qu'ils ne sont pas toujours en mesure d'apprécier. Ils sont même tellement épris de liberté qu'ils prétendent n'avoir besoin de personne pour tracer leur route, convaincus de former entre semblables un équipage de choc. Les chiffres sont malheureusement là pour attester de la fréquence des naufrages : en France, chez les 15-24 ans, avec une trentaine de morts par semaine en moyenne, les accidents de la circulation représentent la première cause de décès. Chez les 15-19 ans, ces accidents sont même responsables de 40 % de la mortalité ! Près des deux tiers d'entre eux sont liés à l'usage d'un véhicule motorisé (deux-roues, voiture). Les garçons paient le plus lourd tribut puisque la surmortalité masculine s'établit dans un rapport de trois garçons pour une fille. Sans compter les milliers de blessés graves [1] qui garderont de ces fracas de tôle des séquelles plus ou moins invalidantes. Le jour et en semaine, les accidents surviennent évidemment surtout sur le trajet du collège ou du lycée, tandis que la nuit et le week-end, ils se produisent autour des lieux de fête et sur le trajet des discothèques.

En ce qui concerne ces « sorties » qui finissent tragiquement dans un fossé (la moitié des décès !), l'inexpérience, l'alcool et les drogues sont souvent impliqués. Mais d'autres paramètres interviennent, associant à la fois le goût des ados pour le flirt avec les limites... et l'insuffisance des balises fournies par les adultes. Examinons-en de plus près les circonstances. Afin d'éviter les nuisances urbaines nocturnes, les honnêtes citoyens que nous sommes obligent souvent les discothèques à s'implanter en rase campagne. Pour s'y rendre, les ados ont tendance à s'entasser dans le véhicule d'un des leurs, faute de disposer chacun d'un moyen de transport, et aussi parce qu'il est peu stimulant de se rendre seul en boîte de nuit. À l'aller, l'ambiance est à la fête, l'autoradio donne à fond, le conducteur a envie de montrer « ce qu'il a dans le ventre », surtout si plusieurs véhicules se suivent ; la vitesse, l'émulation collective, l'attention distraite et les risques pris sont au rendez-vous avec la nuit... Au retour, même si le conducteur « capitaine de soirée » n'a pas bu, la fatigue se fait sentir, la vue et

---

1. En 2004, selon l'Observatoire national interministériel de sécurité routière, les 18-24 ans ont été 1 227 à trouver la mort sur la route et 24 409 à être blessés plus ou moins gravement. Pour en savoir plus, consulter le site : www.securiteroutiere.gouv.fr.

l'ouïe surstimulées pendant des heures perdent de leur acuité, et le petit matin sur une route de campagne en mauvais état est propice au brouillard ou au verglas. D'autant qu'il faut se dépêcher de rentrer pour retrouver sa couette...

Les sorties nocturnes exposent les ados à d'autres dangers qui nous empêchent de bien dormir lorsque le « nôtre » est en vadrouille. Ils peuvent faire de mauvaises rencontres et être agressés, ou être exposés à des situations où ils ne savent plus eux-mêmes ce qu'ils risquent, sous l'emprise de substances psychoactives. Les jeunes filles courtement vêtues rentrant seules dans la nuit sont des proies qui s'ignorent. Même librement consentie, la sexualité non protégée est un risque que courent nombre d'entre elles au cours de ces virées copieusement arrosées. Quant aux garçons, ils s'exposent eux aussi, dans les mêmes conditions, au risque de se faire agresser. C'est ce qui est arrivé à Vincent, 17 ans : en rentrant de discothèque à pied, passablement éméché, il a croisé « une bande de voyous qui l'ont traité de pédé et qui voulaient lui prendre son portable ». Après avoir vainement tenté de leur échapper, il s'est fait fracturer la mâchoire à coups de batte de base-ball... et a été retrouvé par des passants, inanimé et à moitié nu.

Certains garçons se livrent à des défis risqués pour affirmer leur puissance et se mesurer entre pairs. La fierté, l'orgueil, l'esprit de compétition, l'euphorie et la désinhibition induites par les drogues, tout cela excite ces véritables trompe-la-mort, à l'âge où se ravive la toute-puissance infantile. Le sentiment d'invulnérabilité propre à l'adolescence est évidemment à la mesure de la « toute-impuissance » que ressentent les ados au cours de la métamorphose pubertaire. Ils se croient ou se voudraient insubmersibles. Et ils s'emploient à le prouver, quitte à mettre leur vie en jeu comme un joueur de casino peut le faire avec l'ensemble de sa mise lorsqu'il tente le banco. Escalader les murs, faire du vélo sur les toits (!) ou encore taguer les surfaces les plus difficiles d'accès sont des épreuves qui permettent aux ados intrépides de se distinguer. Mais les plus téméraires se livrent aux défis motorisés. Rejouer *La Fureur de vivre* sur un parking désert de supermarché, griller les feux rouges sans aucune visibilité, faire du slalom en deux-roues à contre-courant des voitures, se faire tirer en skate par un véhicule lancé à vive allure, ou encore tenter de rester debout sur le toit d'un wagon de train en marche en constituent de tristes exemples. De telles variations de la fameuse « roulette russe » sont appelées des conduites ordaliques, en référence aux ordalies, ces épreuves judiciaires médiévales requérant le jugement divin et consistant à soumettre un suspect à divers supplices par l'eau ou le feu, pour juger de son innocence ou de sa culpabilité. « Ça passe ou ça casse ! » déclarent aujourd'hui les ados qui raffolent des vidéos du phénomène *Jackass*, ensemble de défis les plus déconcertants, stupides et risqués possible.

Souvent inconscients d'avoir eu de la chance de franchir sans dommage majeur la barre de ces écueils, beaucoup en gardent avec fierté les traces sur la peau, comme si les ecchymoses et les estafilades avaient pour eux valeur de véritables insignes.

Nous devons reconnaître que nos marins d'eau douce sont en manque d'océans à parcourir, de terres inexplorées à découvrir et de luttes à investir ! Attention à ne pas en conclure hâtivement qu'il leur faudrait une bonne guerre... Félicitons-nous au contraire qu'ils n'aient pas vécu cette affreuse réalité de l'aventure humaine et croisons les doigts pour qu'ils n'aient pas à la vivre un jour. Mais il faut bien admettre qu'élevés dans le cocon protecteur que nous leur avons tendrement tissé, les ados ont grandi à l'abri, loin de ce grand large qu'ils ne saisissent depuis toujours que par écrans interposés. Et s'ils ont connu à la maison les disputes répétées, voire les déchirements familiaux les plus douloureux, ils sont toujours restés tout près de leurs parents, sous bonne garde, fût-elle « alternée ».

Même si elles nous font maintenant sourire, « nos luttes » avaient la force des embruns de haute mer et elles ne manquaient pas de sel ! Contre nos propres parents, dans un affrontement intergénérationnel vivifiant. Contre la société « bourgeoise », au nom des idéologies les plus exotiques. Nous avons connu le rock qui sonne comme un récif, les concerts géants et les manifs qui témoignaient d'une jeunesse forte et rebelle. Rebelle avec des causes à défendre, des luttes à entreprendre, des projets à réaliser. Pourquoi constatons-nous que les ados d'aujourd'hui sont aussi nostalgiques de ces années 1970 qu'ils n'ont pas vécues ? Le look, la musique, les rassemblements de ces années-là les fascinent et imprègnent leurs goûts, même s'ils les « remixent » à leur manière. Or la société consensuelle que nous leur offrons les prive des luttes et des batailles qui allaient avec. Certains ados affichent dans leur chambre, ou arborent sur leur T-shirt, le portrait de Che Guevara... sans savoir exactement quel fut son combat. Maintenus par nous éloignés du quai – qui s'appelle la rue ou la nuit –, les ados sont en manque d'explorations et de voyages. Alors ils surfent et naviguent sur Internet, cet océan virtuel que nous leur concédons... Mais les sensations restent maigres et l'appel du large se fait plus pressant. « Sortir » devient pour eux un leitmotiv ; faire la fête, délirer, voire « se déchirer », autant d'explorations à envisager. La nuit, les ambiances festives et les substances exotiques, interdites, euphorisantes... représentent le moyen de lever enfin l'ancre, de trouver le passage pour quitter le port-cocon et aller se frotter aux écueils et aux déferlantes.

Comment devons-nous réagir ? Sûrement pas en tentant de les cloîtrer davantage ! L'éducation, l'accès à l'autonomie, la responsabilisation ne sont pas pensables sans ouverture au monde. De toute façon, ils feraient tout pour nous échapper. En tant que citoyens, cherchons d'abord à leur offrir des espaces à investir dans les domaines de l'art, de la culture, des engagements et des chantiers de société. Gardons en tête leur intérêt pour les grandes causes. Et concernant les sorties de « marins en goguette » qu'ils souhaitent tant connaître, soutenons les initiatives du corps social visant à fixer des phares et des balises aux endroits les plus dangereux, et à en faire respecter les abords et les modes d'approche. On ne doit pas circuler éméché ; l'ivresse publique est un délit, de même que l'achat ou la vente de substances illicites et les exactions antisociales ; l'usage du tabac est réglementé, l'accès aux bars et discothèques aussi, etc. Quant aux endroits réputés pour leurs naufrages, pourquoi ne pas y sécuriser la navigation en proposant un pilote ? Ainsi, les municipalités qui mettent à la disposition des jeunes des navettes gratuites sur le trajet des discothèques les soirs et nuits de week-end évitent incontestablement des drames. De même, plutôt que d'interdire purement et simplement les *rave-parties*, les responsables publics ont meilleur compte à rencontrer les organisateurs et à définir avec eux les conditions d'assistance et d'encadrement, afin d'éviter les improvisations dangereuses. Cela n'empêchera pas certains jeunes en rupture d'aller chercher les dangers là où ils sont, mais pour la majorité des ados de telles dispositions sont tout à fait tolérables.

Ménager des gués, baliser des parcours, faire respecter les codes sociaux, voilà de véritables enjeux de société... qui réclament le soutien des parents. En famille, eux ont à définir un cadre d'évolution lui-même évolutif, à la recherche du plus juste compromis entre fermeté et confiance (voir encadré). Tout un programme qui peut « prendre la tête » des parents, oblige à des discussions et négociations sans cesse renouvelées mais toujours indispensables. Être parent d'un ado suppose aussi de ne pas se laisser envahir et guider par les seules inquiétudes que suscite son comportement. On ne peut pas rester zen, il vaut mieux le savoir ! Les véritables passages sont aujourd'hui là : essayer d'estimer et de composer pour définir des seuils. Nous devons prendre la mesure des demandes de l'ado, évaluer ses ressources de navigateur en observant ses virées de bord, son aptitude à ne pas s'échouer ni se déchirer sur les écueils, et apprécier la lisibilité de son cap.

Notions d'autorité, de fermeté, de respect et de confiance

Vis-à-vis des enfants, l'autorité parentale ne doit pas être confondue avec l'autorité morale des parents qui, elle, ne se décrète pas, mais s'incarne. Comme leur fonction les y conduit, et en référence au latin *auctor* désignant le fondateur, les parents doivent avoir de l'ascendant sur leurs enfants. Et davantage que le pouvoir d'imposer l'obéissance qui mène à l'acte autoritaire, l'idéal est qu'ils puissent faire autorité, c'est-à-dire incarner la force d'une référence. En ce cas, l'autorité s'impose d'elle-même, sans coercition, par le seul fait qu'elle soit reconnue. Elle sera contestée et provoquée par l'ado chaque fois qu'il aura besoin de l'éprouver – entendons par là, de la tester pour vérifier sa permanence.

L'autorité suppose de la fermeté, à ne pas confondre avec la dureté et la rudesse. Il ne s'agit pas non plus de se montrer inflexible. La fermeté tolère la souplesse et représente une force non brutale. Pour être effective, la fermeté parentale à l'égard de l'ado doit allier solidité, consistance, constance et stabilité, comme on peut l'espérer des fondations d'un édifice. Ce sont des assises qui assurent, rassurent, maintiennent et contiennent sans détenir.

Autorité et fermeté doivent forcer le respect. Ce mot est la première revendication des ados, car ils n'ont pas seulement besoin d'être aimés : ils veulent être respectés, c'est-à-dire reconnus, considérés comme des interlocuteurs à part entière. Le mépris, la condescendance, le forçage à l'obéissance, l'intolérance, l'injustice, la discrimination... leur « manquent de respect » et font naître en eux la haine. Au contraire, les adultes qui ont des égards, de la considération pour les ados, se montrent ainsi respectueux et respectables.

Tous ces principes impliquent un besoin de confiance. Celle-ci demande à être à la fois réciproque et partagée. Avoir confiance en quelqu'un, c'est pouvoir croire en lui et se sentir reconnu par lui. Pour pouvoir « se fier à quelqu'un », il faut se sentir garanti de compter à ses yeux, d'être pris en considération. C'est davantage cette assurance qui donne un sentiment de sécurité que la conviction inébranlable et aveugle qui ne demande qu'à être déçue ou dénoncée. Les parents qui estiment ne pas pouvoir faire confiance à l'ado sont envahis par le doute. Soit parce qu'ils ne cessent d'être trahis du fait d'exigences trop draconiennes, soit parce qu'ils se sentent eux-mêmes en insécurité permanente.

Ses besoins ? Prendre l'air du large pour quitter l'enfance et se distinguer des parents. Se faire des frayeurs et apprivoiser ses peurs, tout autant que supporter la douleur et l'inconfort pour se sentir capable de rompre les amarres. Susciter les confrontations aussi, pour éprouver les limites, tant celles de l'environnement que celles de son monde intérieur. « Éprouver », soulignons-le, est à saisir dans son double sens : mettre à l'épreuve, c'est-à-dire tester la solidité et la permanence des limites externes et internes ; et les ressentir, c'est-à-dire les reconnaître et admettre leur réalité, qu'elle soit matérielle ou psychique. Dans la réalité de la peau, lorsque l'ado se fait percer ou tatouer, avant de s'exposer au regard des autres... et de se confronter à celui de ses parents. Dans la réalité de la nuit, des ambiances interlopes, des situations périlleuses, en allant voir de plus près les dangers pour avoir des frissons, les partager avec les pairs et apprendre à surmonter les appréhensions.

L'ado tente en somme de mieux découper ses contours, de dégager sa propre silhouette et de le faire en compagnie de ses pairs, quitte à faire esquisse commune dans un premier temps. L'ado qui va bien ne fait pas tout pour se déchirer et se couper des autres. Il effectue d'ailleurs des va-et-vient continuels entre les réassurances que ses parents ou le corps social peuvent lui fournir et ses velléités d'engagement dans des options risquées. Il oscille aussi intérieurement entre l'attirance qu'exercent sur lui l'inconnu et l'interdit, et la crainte que ces derniers lui inspirent. Mieux sont balisés les seuils à ne pas franchir, moins l'ado est amené à se mettre en danger pour en éprouver la consistance. Pour lui, la vraie question ne se pose pas en termes de respect scrupuleux de tous les conseils et interdits, quels qu'ils soient, afin de ne prendre aucun risque. Il doit surtout pouvoir leur donner du sens, estimer sa position en regard de ces repères et satisfaire son goût de l'aventure en tirant les leçons des expériences vécues. Progressivement, il peut alors prendre un peu de distance par rapport à ses propres « écarts » et mieux définir sa route, c'est-à-dire savoir ce qu'il fait, pressentir pourquoi il le fait et ce qu'il risque. L'ado qui va mal est, lui, dans une tout autre trajectoire : il cherche la rupture dans l'espoir de se trouver.

Les pseudo-rites alimentaires et leurs troubles

Dans le contexte d'une société de l'abondance, l'importance de la « bouffe » ne doit pas surprendre, encore moins à l'âge où tous les appétits s'aiguisent, où l'on refuse de subir passivement toutes les formes d'assimilation et où les excès servent à mieux percevoir ses besoins et ses limites propres. Outre le grignotage en solo – à la maison et à l'école –, les « rituels alimentaires » tiennent une grande place dans les premières manifestations collectives de prise d'écart vis-à-vis des parents et de convivialité entre pairs. Les sorties au fast-food le plus proche, comme les « plans pizzas-chips » des fêtes, résonnent du besoin de s'attaquer à la dépendance nourricière parentale, tout en comblant les « petits creux » et en satisfaisant au besoin de faire corps avec les semblables. Ces « bulles entre ados » permettent à chacun d'y nourrir l'illusion de son autosuffisance et d'expérimenter ses propres capacités nourricières à travers ce qu'il apporte aux autres. L'échange de nourriture exerce au partage, confrontant la centration sur soi à la dure réalité du « donnant-donnant ». Le succès du fast-food tient déjà dans l'apparence de « maison des ados » qu'il représente : serveurs et clients ont le même âge, et l'on s'y livre à une sorte de dînette pour composer un menu dont le prix reste à la portée des moyens adolescents.

Se nourrir, c'est aussi se faire plaisir en éprouvant des sensations. À l'âge où l'on se méfie des émotions susceptibles de trahir l'intimité, mais où les sens s'exacerbent, s'abandonner aux délices des saveurs et des odeurs alimentaires réalise un compromis acceptable qui voit l'oralité faire un retour en force. Comme on le sait, chez le bébé, la pulsion orale – première expérience du plaisir – a pour source la bouche, pour objet le sein et pour but l'incorporation. Très vite, le petit enfant « met tout à la bouche », comme disent ses parents, pour explorer, tester, échanger avec le milieu environnant, chercher à avoir une emprise sur lui, obtenir du plaisir et s'apaiser. À la puberté, l'avènement du corps génital et la sexualisation des relations font de la bouche un lieu « sensible » qui cristallise toutes les tensions sensuelles ou défensives. Du côté de l'exploration et de l'échange, l'ado découvre que les lèvres, la langue, les dents, le sourire et les moues participent de la séduction et de la sensualité. La bouche s'offre comme lieu d'incorporation de l'autre et de plaisir partagé à deux, et l'expérience du premier baiser (smack) puis du baiser profond annonce, mais n'engage pas encore, la découverte des rapports sexuels aboutis. On peut aussi se faire plaisir sans honte à travers les perceptions buccales de l'ingestion. La satisfaction alimentaire représente d'ailleurs la forme de jouissance la moins génératrice de conflits, d'autant qu'elle peut se partager avec les pairs sans exposition trop dérangeante. On peut encore se rassurer, comme par le passé, en mâchonnant du chewing-gum ou des stylos pendant des heures. Ces diverses composantes se mêlent et rendent compte de l'importance de la « bouffe » qui n'a donc pas seulement une visée alimentaire. Elle est en soi un apport qui peut représenter d'autres apports réels ou figurés. Les ambiguïtés s'expriment à travers la tonalité sexuelle ou régressive que l'absorption de certains aliments suscite à travers le goût, la consistance, la couleur, etc. Parmi les produits les plus prisés par les ados, les substances lactées et sucrées occupent une place de choix, tandis que les liquides ou semi-liquides sont généralement préférés aux aliments solides. Quant à la manière d'absorber ces produits, elle privilégie la succion et le léchage, modalités pouvant aussi bien évoquer la prime enfance que suggérer les préliminaires de l'acte sexuel.

L'engouement que les jeunes manifestent pour les produits et les lieux d'alimentation rapide est bien sûr lié à l'évolution du mode de vie en général. Le gain de temps, la vitesse, le besoin de combler toute sensation de vide au plus vite, en sont des aspects. Mais c'est aussi une nouvelle forme d'opposition aux « valeurs adultes ». La contestation frappe la table familiale où les enfants sont censés manger ce que leurs parents leur donnent et « se raconter » devant eux. Elle tranche avec le rituel des repas parentaux (par exemple, en mélangeant le sucré et le salé), dénonce les repas jugés interminables et concilie éventuellement l'absorption de nourriture avec la pratique simultanée d'une autre activité. Et puis les adeptes des *burgers* mangent « salement », puisqu'ils s'en mettent plein les doigts, sous le regard dégoûté des adultes. Ils s'affirment, également, en s'accordant le droit d'absorber des substances qui déplaisent aux parents, soit par leur goût et leur consistance, soit par leur mauvaise réputation en matière de santé. Le plaisir partagé du fast-food tient sans doute aussi de tout cela. Il permet de reprendre la main, fournit « tout, tout de suite » et donne une impression d'affranchissement qui atténue en apparence la réalité de la dépendance.

Ne perdons pas de vue que le mot « bouffe » signale déjà le risque d'inflation, puisqu'il dérive du radical onomatopéique *buff* qui évoque le gonflement, l'enflure. Et comme par hasard, le parler ado ne se prive pas d'employer « gavé » à toutes les sauces ! Avant d'aborder la question des troubles alimentaires chez les ados, il est nécessaire d'en rappeler le contexte général. L'excès de dépendance affective, celui des éprouvés de manque, de vide, d'absence, favorise les comportements d'assujettissement, c'est-à-dire toutes les conduites à travers lesquelles un sujet montre qu'il est devenu l'esclave d'un objet. On nomme cela l'addiction (voir encadré), trouble dont nos sociétés riches n'ont évidemment pas l'exclusivité lorsqu'il relève de l'usage de produits toxiques, mais qui connaît chez nous une expansion considérable et des formes diverses. Force est en effet de constater que la société de consommation favorise le développement de conduites de dépendance touchant au corps, en particulier à tout ce qui le nourrit, lui donne ses formes, son apparence et sa contenance. La boulimie de nourritures et de connaissances, l'estompage des limites, le culte de l'image de soi, la quête de sensations fortes, l'intolérance aux frustrations, en sont autant de traits tendant à nous faire dépendre, dépenser et consommer sans compter. Et lorsque la vie affective et relationnelle se réduit elle-même au principe selon lequel « échanger, c'est consommer », on voit se développer les troubles des conduites alimentaires.

En l'occurrence, l'excès boulimique est un risque auquel s'exposent un nombre croissant d'ados. Tandis que les pratiques alimentaires évoluent vers toujours plus d'individualité, comme en atteste le succès des fameuses barquettes « individuelles », les ados grignotent de plus en plus en solo et entre semblables. Assortie d'un manque chronique d'activités sportives et de l'usage de produits hypercaloriques, cette nouvelle façon de s'alimenter est un important facteur de risque de surpoids et d'obésité, problème qui concerne aujourd'hui en France un ado sur sept[1], un sur

1. Programme national nutrition santé 2001-2005. Consulter le site : www.mangerbouger.fr.

Les addictions

D'abord employé par la psychiatrie nord-américaine, dans les années 1970, à propos de la seule dépendance aux substances psychoactives (*drug-addiction*), le terme « addiction » a progressivement remplacé celui de « toxicomanie », avant de s'étendre à toutes les conduites de dépendance et de passer dans le langage courant. Il est emprunté à l'anglais *to addict*, « dépendre (d'une drogue) », bien qu'il ait été d'abord un mot français, aujourd'hui sorti d'usage.

Il existe aujourd'hui une grande variété de conduites d'assujettissement. L'addiction aux drogues sert de référence, mais elle s'étend à nombre de pratiques à la fois excessives et répétitives qui « absorbent » littéralement leurs auteurs et dont ils deviennent dépendants. Certaines touchent directement les mouvements du corps, avec une obsession de maîtrise : troubles du comportement alimentaire (anorexie, boulimie), abus d'une activité physique (culturisme, jogging...), sexualité addictive (multiplication des partenaires, recherche de performances sexuelles, activité masturbatoire frénétique). D'autres s'appliquent à des conduites compulsives d'amassement (jeu pathologique, achats inconsidérés, kleptomanie), à l'accaparement par le travail ou à l'usage immodéré d'Internet (cyberaddiction). Par extension, on parle aussi de conduites addictives à propos de certaines violences auto-infligées ayant un caractère compulsif (scarifications, brûlures cutanées).

quatre aux États-Unis. Les garçons sont plus touchés que les filles, et les ados concernés évoluent plus souvent dans des milieux socio-économiques peu favorisés, voire marqués par la précarité. De véritables « poly-addictions » peuvent s'observer, associant notamment l'excès de sédentarité derrière un écran (TV, ordinateur) et le grignotage, conduites étonnamment marquées par une « ritualisation » des pratiques confinant au repli et au retrait relationnel.

Règne de la maîtrise du look oblige, les filles supportent mal la nouvelle répartition des masses graisseuses qu'induit la puberté. Tandis que les garçons voient augmenter de façon spectaculaire leur masse musculaire (de 8 kg en moyenne entre 14 et 15 ans !), les filles voient s'accroître, elles, leurs formes au niveau des bras, des seins, des hanches et des fesses. Ce phénomène hormonal aboutit à ce que la masse graisseuse des filles soit multipliée par trois entre 12 et 16 ans, avec une répartition plus ou moins harmonieuse que beaucoup d'adolescentes ont du mal à supporter, au moins au début : quatre filles sur dix ayant un poids normal s'estiment trop grosses, tandis que cette perception concerne moins de un garçon sur dix [1]. On comprend dans ces conditions pourquoi tant de filles improvisent des « régimes » fantaisistes tendant à leur faire exclure les aliments qu'elles trouvent gras... tout en « craquant » régulièrement face aux tentations du grignotage et aux séductions des crèmes et des produits sucrés réputés « hypocaloriques ». Ces oscillations d'un extrême à l'autre, très sensibles au regard d'autrui – pairs et adultes confondus –, alimentent,

1. Sous la direction de J. Arènes, M.-P. Janvrin, F. Baudier, *Baromètre santé jeunes 97/98*, coll. « Baromètres », Vanves, CFES, 1998.

pourrait-on dire, un douloureux ressenti fait de maîtrise jugée inopérante et de faiblesse estimée coupable. La privation, le gavage et le rejet (vomissements provoqués) peuvent alors s'organiser en cycles ritualisés dont la persistance et l'aggravation signent l'émergence de graves troubles des conduites alimentaires. La bouche devient la « porte ouverte » à tous les excès, et aussi la voie privilégiée pour les rendre. Entre ce que l'ado s'autorisera à « garder » et ce qu'elle décidera de « restituer », se joue un entre-deux à travers lequel transparaissent les difficultés d'échanges avec l'autre.

Les crises de boulimie des filles, lorsqu'elles deviennent fréquentes, entrent souvent dans le cadre du trouble « anorexie-boulimie » qui concerne 10 % des adolescentes dans les formes modérées et 1 % dans les formes graves ! Typique des pays riches et frappant surtout les filles de classes socio-économiques élevées, ce trouble est caractérisé par l'alternance d'épisodes de gavage (généralement suivis de vomissements provoqués) et de périodes de privation alimentaire pouvant aller jusqu'à la dénutrition quasi totale. La crise de boulimie type est une séance solitaire de gavage avec des aliments préférés ou détestés, c'est selon, en un minimum de temps, jusqu'à quinze fois par jour. Ces crises ne conduisent pas au surpoids puisque les ados se font vomir après. Les ados se remplissent le ventre jusqu'à avoir mal et être totalement dégoûtées, puis elles se vident pour se soulager. Tout leur argent et beaucoup de leur temps passent dans la recherche frénétique de substances à ingurgiter, comme un toxicomane à la recherche de sa drogue. Évidemment, elles n'ont pas conscience qu'elles maltraitent dangereusement leur corps, et se sentent tellement coupables qu'elles se cachent pour accomplir leur rituel. C'est en effet une suite d'actes qui « s'imposent » à l'ado de manière incoercible et qui doivent s'enchaîner selon une séquence immuable. Pourquoi un tel comportement ? La boulimie n'est pas qu'une affaire de remplissage et de vidange du tube digestif. Comme dans l'anorexie, il y a confusion entre nourritures affectives et besoins alimentaires et ce, depuis la plus tendre enfance. La puberté vient raviver la dépendance à la mère nourricière et la rend intolérable du fait de la sexualisation des liens. Sans le savoir, l'ado boulimique est en quête d'« apports »... qu'elle doit rejeter parce qu'ils sont excessifs et brûlants d'un effet de rapproché insupportable. Et elle rejoue sans cesse dans son corps l'infernale alternance du besoin, du manque, du trop-plein et du vide... d'amour maternel. Comme si elle n'arrivait pas à digérer d'avoir eu et d'avoir encore des liens aussi forts avec celle qui l'a mise au monde. Mère et fille restent ficelées par un cordon ombilical qui perdure et les étouffe. On entend souvent parler à ce propos de mères « toxiques » ou rejetantes, de pères absents... Les causes sont loin d'être aussi évidentes ! Par exemple, l'anxiété exagérée d'une mère à l'idée que son bébé n'ait pas « sa dose » en ne terminant pas son biberon a pu la conduire à forcer l'enfant à toujours tout ingurgiter... pour s'apaiser, elle, et se sentir une bonne mère. Forçage instituant, par la répétition, un terrible *deal* pour l'enfant : « Si je ne prends pas tout ce que me donne maman, je risque de l'inquiéter ou de la décevoir, donc de perdre son amour. » Contraintes affectives partagées qui, à l'adolescence, se teintent de menaces de fusion intolérable.

Dans l'anorexie mentale, le terrible objectif est de réduire son corps en le privant de nourriture et en le purgeant par tous les moyens : prises excessives d'eau, vomissements, laxatifs. L'anorexique se trouve toujours trop grosse et ne supporte pas ses formes. Pour en comprendre l'intensité, il suffit de se représenter la crainte qu'ont la plupart des filles d'être « trop grosses du bas »... multipliée par un facteur 100 ! Là encore, cette maladie qui touche neuf fois sur dix les filles s'accompagne d'une incroyable ritualisation des conduites. Elle commence par un « régime » dont le caractère inadapté doit sauter aux yeux (compter les petits pois, écarter toute sauce jusqu'à l'assécher avec du papier absorbant, etc.). D'un côté, tout aliment susceptible d'être avalé est d'abord jaugé, pesé, essoré, dégraissé. De l'autre, le corps est scruté, observé, mesuré au niveau du ventre, des cuisses, des fesses : il doit fondre. La privation et l'importante perte de poids qui s'ensuit rendent effectivement la jeune fille filiforme et androgyne. Ce corps épuré, émacié, sans menstrues, lui procure un sentiment euphorisant de contrôle, de toute-puissance sur elle-même.

Souvent sensibles et intelligentes, ces jeunes filles ingurgitent le savoir scolaire avec frénésie et excellent dans leurs études. On peut parler en l'occurrence de « boulimie intellectuelle ». Discrètes, calmes, studieuses, elles font dans un premier temps la fierté de leurs parents qui, aveuglés par cette conduite apparemment exemplaire, tardent à s'inquiéter. Quand elles arrivent à l'hôpital, l'anorexie a déjà ravagé leur corps, on pourrait dire « dévoré » leurs formes jusqu'à ne laisser que la peau sur les os. Maigres et brillantes, elles continuent pourtant d'être éternellement insatisfaites. Leur ventre, lieu symbolique de l'enfantement, reste gonflé à cause de la diète et des importantes quantités d'eau qu'elles ingurgitent. Ballonnements et aérophagie les empêchent d'arriver à contrôler l'apparence de ces entrailles qui enflent, comme si elles s'étaient laissé engrosser par cette folie alimentaire. Bien sûr, elles n'ont pas conscience que cette obsession du contrôle est une manière d'essayer de s'émanciper de leur mère dont elles se sentent trop proches. Si proches qu'elles luttent pour ne pas se confondre avec elle, en niant leur corps de femme. Mais en régressant vers ce corps d'enfant, elles ne font que satisfaire le désir inconscient de leur mère qui, justement, ne peut se résoudre à les voir grandir et continue de les traiter comme leur bébé. À l'hôpital, en guise de ravitaillement, il n'est pas rare que les mamans des anorexiques apportent des doudous et des peluches couverts de cœurs fluo ! Incapables de se rendre compte de la souffrance engendrée par cette trop grande dépendance affective et de la formuler, ces jeunes filles font jeûner leur corps pour crier ce sentiment paradoxal : « Maman, je ne veux pas te ressembler, avoir tes formes, mais je ne peux pas me passer de toi et je dépéris si tu me laisses. »

Les toxiques pour s'exploser, s'éclater

Il est difficile de retrouver avec sérénité nos ados « lambda » après des souffrances alimentaires aussi pathétiques. D'autant qu'ils nous inquiètent tout particulièrement à travers leur consommation de substances psychoactives complétant le grignotage alimentaire. Les trois substances les plus prisées par les ados sont le tabac, l'alcool et le cannabis. À la différence de la nourriture, ces trois drogues sont précisément toutes susceptibles d'entraîner une accoutumance obligeant leurs consommateurs à augmenter les doses pour obtenir l'effet recherché. Bref, ce sont typiquement les drogues de l'addiction, et l'on craint l'escalade, non seulement dans la fréquence de leur usage, mais aussi dans les voies menant aux drogues plus « dures ». Si les spécialistes sont aujourd'hui unanimes pour affirmer qu'on ne passe pas du cannabis à l'héroïne ou à la cocaïne sans être déjà un toxicomane en devenir, de sérieux soupçons pèsent en revanche sur les risques pour la santé – physique et mentale – auxquels expose l'usage chronique et quotidien de cannabis. Des travaux scientifiques en cours devraient apporter des éléments nouveaux dans les prochains mois, mais on sait déjà qu'un tel usage diminue les défenses immunitaires, entretient la démotivation et favorise les décompensations psychiques chez les ados les plus vulnérables. En attendant d'en savoir plus sur les interactions délétères auxquelles mène l'usage chronique et conjoint de tabac, d'alcool et de cannabis, voyons comment se présente le problème et commençons par éviter d'ergoter sans fin à propos des chiffres distinguant subtilement les consommations occasionnelles, régulières et quotidiennes de ces substances. Le fait est qu'un nombre considérable d'ados consomment du tabac, de l'alcool et du cannabis de façon plus ou moins répétée. Ainsi, selon la MILDT[1], la presque totalité des jeunes âgés de 17 ans a déjà expérimenté le tabac et l'alcool, et la moitié a goûté au cannabis.

1. Mission interministérielle de lutte contre la drogue et la toxicomanie. Pour en savoir plus : www.drogues.gouv.fr.

Quatre ados sur dix fument tous les jours, près de un garçon sur cinq se déclare « buveur régulier », et la consommation de cannabis a fortement progressé ces dernières années, la proportion des « gros consommateurs » (au moins quarante fois par an) ayant doublé en cinq ans pour concerner aujourd'hui un ado sur dix. Alors que les garçons sont trois à quatre fois plus nombreux que les filles à consommer régulièrement de l'alcool et du cannabis, ces dernières fument davantage de tabac et expérimentent plus souvent les médicaments psychotropes.

Tandis qu'un nombre croissant d'adultes aspirent à mener une vie saine, s'efforçant en particulier de réduire, voire d'abandonner leur consommation de tabac, beaucoup d'ados affichent une insouciance confondante face aux diverses mesures adoptées. On augmente le prix des paquets de cigarettes et l'on cherche à en interdire la vente aux moins de 16 ans ? Ils vont se ravitailler par la contrebande ou s'acheter du tabac à rouler ! On déclare les collèges et les lycées zones « sans tabac » ? Ils se concentrent devant l'entrée dans un nuage de fumée, tels des Indiens s'adressant des signaux. Nous trouvons totalement *has been* le fait de déambuler en ville la cigarette au bec comme dans les années 1950 ? Ils se promènent en fumant et en exhibant l'attirail du « parfait fumeur » avec le paquet de clopes ou l'étui de feuilles de papier à rouler dépassant négligemment de la poche du jean. Le constat est clair : ils roulent énormément, et pas seulement en deux-roues ! Le problème est que cette prise d'écart destinée à rompre avec l'ordre adulte risque de ne pas être une simple passade, car ils deviennent vite dépendants de la nicotine.

L'affichage concerne aussi l'alcool. Se promener en ville

un pack de bières à la main fait l'ado « branché » sur un plan potentiel de regroupement festif. Et s'exhiber légèrement titubant sur une place publique donne cette démarche chaloupée propre aux gens de mer, surtout si l'un des membres de la bande vomit tout ce qu'il peut. On peut imaginer qu'il a trop bu et trop fumé... pas seulement du tabac, de l'herbe ou du *shit* aussi.

Nos marins en mal d'explorations deviendraient-ils des drogués en puissance ? Essayons de comprendre ce qui se passe dans leur tête... On pourrait d'abord dire que tous ont non seulement besoin d'avoir l'air d'appartenir à la tribu ado, mais aussi de s'y situer. Pour les plus jeunes, il y a une progression des pratiques, l'expérimentation du tabac et de l'alcool constituant en quelque sorte un premier palier. À ce stade, les ados misent essentiellement sur la contenance, le look. Ils en profitent pour faire l'expérience des premières ivresses, celle de la cigarette du matin, comme celle de la prise d'alcool à jeun, avant de connaître l'« enfumage » et la « cuite » lors des fêtes entre pairs. Certains ados vont en rester là, jugeant ces expériences suffisamment concluantes. Ils les reproduiront à l'occasion, ou bien adopteront ensuite la posture radicale « *no drugs* » qui est également un style.

Les autres ne se contentent pas d'avoir l'air, ils veulent l'air tout court, fût-il vicié et alcoolisé. Ceux-là sont prêts à franchir un deuxième palier : celui de la consommation régulière à la recherche de plaisirs partagés. Entre semblables, lors des occasions de fête qui se multiplient, la fumée les enveloppe comme un cocon – celui-ci choisi et non subi ! On fume séparément mais on produit ensemble un nuage collectif. Le must ? Fumer le narguilé à plusieurs, expérience instruisant une nouvelle forme de « bouche à bouche » s'ajoutant aux autres. L'oralité et le léchage seront également convoqués au goulot des bouteilles, lors du roulage des cigarettes et, sans tarder, entreront dans la confection des « joints » (de cannabis) dont le sens évoque explicitement l'union. Pour obtenir le maximum d'effet au moindre coût, prix de la drogue oblige, diverses méthodes d'inhalation seront même employées, dont la « soufflette » où, lèvres contre lèvres, l'un inspire ce que l'autre expire. Et portée par la vague, la fine équipe planera au-dessus de ce monde adulte triste et laborieux. Pour beaucoup d'ados, la consommation de cannabis reste occasionnelle et centrée sur les manifestations festives. Mais il est vrai que la banalisation que l'on fait aujourd'hui de l'usage de cette substance n'est pas sans inquiéter, comme d'ailleurs l'incroyable facilité d'obtention des médicaments psychotropes. Va-t-on entrer dans l'ère de l'anxiolyse généralisée ?

Étrange paradoxe : ces ados qui s'emploient ainsi à se séparer des parents cherchent entre eux le « lien permanent » (se toucher, être l'un contre l'autre, mélanger la salive, boire dans le même verre, fumer le même joint, recevoir et émettre sans interruption des appels et des SMS avec leur portable...). Comme s'ils avaient besoin de se rassurer, de se tranquilliser, pas seulement de s'amuser. Les substances licites et illicites facilitent les liens, l'aisance, la décontraction... jusqu'à lever les inhibitions à l'heure des conquêtes sentimentales. On s'amuse, on fait le pitre pour séduire, on délire, on s'éclate, on se lâche enfin ! Finies, les prises de tête... On oublie la pression scolaire, l'ambiance à la maison, la peur de l'avenir. Vive le présent et osons faire ce que la timidité ou la pudeur interdit d'ordinaire !

C'est aussi l'occasion d'explorer en groupe les limites de la conscience, d'approcher des univers mentaux inconnus et de voyager à l'intérieur de soi. Ces « sorties » et ces « passages » de haute mer sont aussi des expériences qui confrontent nos apprentis marins aux frissons de la transgression et du risque. Vont-ils tenir, supporter la souffrance ? Seront-ils nauséeux jusqu'à en vomir ? Le roulis les fera-t-il tomber dans les escaliers ou à vélo ? Les traces de ces « exploits », qu'elles soient faites de véritables cicatrices ou d'anecdotes, attesteront de l'intégration chez les « durs à cuire ». La plupart des ados ne vont pas dépasser ce second palier. Tant mieux, d'ailleurs, car si nombre d'entre eux sont encore des marins d'opérette, les risques pris sont eux bien réels... et, malheureusement, on l'a vu, leur issue peut être tragique.

Le troisième palier concerne environ 10 à 15 % des ados : c'est le stade du mal-être. Nous sommes alors chez les ados qui vont mal. Pour les jeunes concernés, seules les sensations fortes, répétées et assenées, pourrait-on dire, permettent de se sentir exister. Trouver de l'air ? Ce sera la fugue. Oublier les problèmes, amortir le poids des réalités ? À l'alcool et au cannabis consommés tous les jours, pourront s'ajouter d'autres drogues (ecstasy, amphétamines, cocaïne...) et les médicaments psychotropes. L'addiction aux substances s'installe, doublement alimentée par les propriétés des drogues elles-mêmes et l'irrépressible besoin de « se fracasser la tête » pour s'apaiser. Un peu comme si on devait employer une massue pour venir à bout d'une migraine et ce, de plus en plus souvent ! Les « fêtes » seront évidemment moins l'occasion de s'amuser que de se retrouver entre « ultras » pour s'éclater, se déchirer, se casser au sens propre. S'abrutir pour ne plus penser. Ce n'est pas la fête mais la « défonce » qui est recherchée, jusqu'à se rendre malade pour exhiber combien on souffre dans ses tripes, espérer secrètement se faire reconnaître et rompre par tous les moyens avec la souffrance psychique. Ces jeunes en mal-être, les autres ados les repèrent très vite : ils arrivent sur le lieu d'une fête déjà ivres, occupent leur soirée à boire, à fumer, à prendre divers produits... et finissent souvent la nuit le nez dans leur vomi.

On imagine les risques d'accidents, même les plus stupides, comme passer à travers une verrière, chuter de sa hauteur et se faire très mal... Mais ce ne sont pas les seuls risques. Lorsque les idées noires se font insistantes, le risque du suicide est à craindre. En France, avec près de 650 morts par an, le suicide est la deuxième cause de décès chez les 15-24 ans, représentant 16 % de la mortalité de cette tranche d'âge, soit le double de celle due aux tumeurs. Comme dans le cas des accidents de la route, la surmortalité masculine est frappante : trois garçons pour une fille. Elle est ici due aux moyens violents qu'emploient les garçons, soit sept fois sur dix l'arme à feu ou la pendaison[1]. Quant au nombre de tentatives de suicide chez les jeunes, on l'estime entre 40 000 et 50 000 par an ! Le sex-ratio s'inverse (trois filles pour un garçon), en grande partie du fait des moyens employés : neuf fois sur dix, l'intoxication médicamenteuse volontaire. Avaler des cachets pour cesser de souffrir, et sombrer dans la léthargie toxique en laissant le destin décider si ce sera un long sommeil... ou le sommeil éternel.

1. X. Pommereau, *L'Adolescent suicidaire*, 3e édition, Paris, Dunod, 2005.

Bien sûr, tous les suicides d'ados ne surviennent pas à la suite de beuveries ou de prises de drogue. Il existe des jeunes qui vont mal sans pratiquer les diverses escalades du risque et qui, du coup, sont difficiles à repérer. Mais l'expérience montre que 80 % des ados suicidaires se signalent d'abord par des conduites à risque, avant d'envisager consciemment d'en finir. C'est pourquoi toutes les conduites de rupture qui apparaissent précocement, se répètent, s'aggravent et se révèlent durables, doivent être considérées à temps comme de véritables signaux d'alarme. De la fugue à l'ivresse en passant par les scarifications, toutes les « coupures » radicales traduisent un état de mal-être (voir chapitre 5). D'autre part, à l'exception du tabac, la plupart des substances psychoactives prises en excès peuvent avoir un effet désinhibiteur aggravant le risque de passage à l'acte.

Si beaucoup d'ados passent leur temps à grignoter et à vouloir faire la fête dès qu'ils le peuvent, et si d'autres – presque un sur sept, en l'occurrence – sont prêts à risquer leur peau jusqu'à penser au suicide, de quels manques au juste souffrent-ils ? Nous ne les aimons pas assez ? Nous les empêchons de se distraire ? Nous devrions être encore un peu plus permissifs ? Ils ressentent des manques, oui, mais la majorité des jeunes concernés n'ont pas ceux-là. Ils sont trop dépendants de nous, trop longtemps, voilà le cœur du problème. Et ils ont du mal à trouver des motivations, des perspectives d'avenir dans ce qu'on leur propose. En tout cas, suffisamment mobilisatrices et enthousiasmantes pour leur donner envie d'investir ce monde matérialiste dont ils ne perçoivent que les routines, les hypocrisies et les injustices. Les substances qu'ils absorbent ne sont-elles pas précisément *psychoactives*, comme s'il leur fallait avant tout cesser de subir passivement nos vues ? Nous-mêmes, pris dans les rets d'une société de la performance, stressés en permanence, n'avons-nous pas trop tendance à calmer leurs ardeurs, au nom de la prévention des risques ? « Ne fais pas ceci, ne fais pas cela », ce rabâchage qu'ils nous reprochent tant revient parfois à leur intimer l'ordre de rester immobiles...

Quel idéal, quelles croyances leur transmettons-nous ? L'appétit d'ouvertures et de découvertes, la fraîcheur d'esprit, les sentiments nobles qui les animent, tout cela tombe trop souvent à plat dans une société un peu désenchantée et déprimée. Comme un soufflé sorti trop vite du four, ou plutôt d'un four qui tomberait de temps en temps en panne ! Notre air désabusé, nos discours laissant entendre que l'on ne croit plus en rien, que seul le matériel compte, participent sans doute d'un travail de sape dont nous n'avons pas toujours conscience. Au sein du corps social, le « soi d'abord », le « chacun pour soi » et la fameuse « thune » règnent sans partage, comme ils l'ont d'ailleurs bien compris... et comme ils nous le restituent à leur manière en dépensant leur argent de poche, voire plus encore, dans ces abus en tous genres dont nous aimerions qu'ils se passent. Pour les plus jeunes ou les plus fragiles, la société se divise en deux camps. Il y a ceux qui « peuvent », les riches, les nantis, les stars. Et puis il y a ceux qui « ne peuvent pas », les pauvres, les étrangers, les voisins de palier. Le contraste est d'autant plus saisissant et simplificateur que l'abondance des biens tranche avec la pauvreté des rêves.

Quant au sujet qui fâche vraiment, celui de la place des drogues, reconnaissons qu'il est aigu dans une société qui pratique l'esquive, l'évitement, la fuite face à tout ce qui dérange, inquiète, angoisse. L'anxiété, les phobies, la dépressivité sont des maux de la modernité qui semblent gagner du terrain au fur et à mesure que les relations interhumaines s'appauvrissent pour se concentrer sur celles, intimes et exclusives, de la famille et du cercle des proches. Et tandis que les liens de sang deviennent des attaches qui entravent, que les autres liens se distendent ou se relâchent..., les addictions, ces transpositions de dépendances affectives non résolues, fleurissent comme autant de nouvelles contraintes. Faute de limites discutées, négociées, beaucoup de personnes – adultes comme ados – tendent à devenir instables, impulsives, intolérantes aux frustrations, au point que le terme regroupant ces traits, *borderline*, soit passé dans le langage courant...

Attention néanmoins à ne pas tout simplifier de manière abusive ! Dépendance et émoussement des motivations ne concernent pas, d'une part, tous les ados et, d'autre part, pour nombre de ceux que cela affecte, cette difficulté à se sentir exister en tant que soi-même ne dure pas aussi longtemps qu'on l'imagine. Certes, ils ne connaissent pas l'indépendance de leurs aînés, notamment sur le plan matériel, mais ils tirent de la navigation près des écueils des leçons favorables, apprennent à « se gérer » et ne tardent pas à développer des projets personnels.

Il en est tout autrement chez les ados pour qui dépendance et désintérêt s'inscrivent dans le cadre de souffrances identitaires majeures liées à la maladie mentale, aux traumatismes de l'histoire personnelle ou familiale. Ceux-là souffrent d'authentiques troubles dépressifs qui exacerbent leur dépendance affective, leur donnent du monde une vision démesurément négative, aggravent les sentiments d'ennui, d'inutilité, et assombrissent l'avenir. Divers télescopages entre le réel et l'imaginaire peuvent aggraver la confusion et l'indistinction, notamment lorsqu'une sorte de « radioactivité » reste présente, sur fond d'antécédents de violences sexuelles subies, de secrets de famille...

On a bien compris que les prises de risque à l'adolescence sont inévitables. Et qu'en cherchant à se défaire de notre emprise, les ados sont tentés de se jeter sur des produits licites ou illicites pour, sans le savoir, passer d'une dépendance à une autre ou, à tout le moins, d'un risque d'annexion à l'autre. Inquiétant « passage » que celui-là, sorte de tour de passe-passe semblant davantage relever de l'escamotage que de la résolution des tensions affectives. Question rouge, donc : doit-on laisser les ados naviguer ainsi de Charybde en Scylla ? La tentation est grande de vouloir soit les en dissuader, soit les « accompagner » dans ce périple pour mieux les protéger. Dans les deux cas, ce serait une fausse bonne idée, car le « non à tout » n'autorise aucun dialogue et l'accompagnement « collant » ne crée qu'un intolérable effet de rapproché.

Les parents les plus radicaux vont refuser catégoriquement tout permis de navigation à l'ado. Ils édictent des interdits frappant toute consommation ou sortie, déterminent une sorte de blocus assorti de contrôles douaniers pouvant aller jusqu'à l'excès de zèle. Prenons deux exemples. Les parents de Camille, 15 ans, ne fouillent pas seulement son sac et sa chambre à la recherche de traces de cannabis. Par deux fois, ils lui ont déjà infligé... le test urinaire, parce qu'ils avaient des doutes ! Le père de Camille a pourtant une fâcheuse tendance à abuser des boissons alcoolisées, mais « ce n'est pas pareil », lui a-t-il déclaré le jour où elle s'est emportée à ce sujet. Les parents de Nicolas, 16 ans, se sentent aussi l'âme de gardiens. Les soirs de week-end, ils l'enferment eux-mêmes à clé dans sa chambre, pour être sûrs qu'il ne va pas prendre la poudre d'escampette pendant la nuit. Évidemment, Nicolas sort par la fenêtre. Et le jour où on les réveille à 2 heures du matin pour leur demander de venir chercher leur fils au commissariat, celui-ci ayant été surpris à taguer un mur, les premiers mots de la mère au policier sont : « Ce n'est pas possible, il doit y avoir confusion de personne ! »

Autant dire que de telles positions ne mènent à rien, sinon à la déception ou au drame. Ces parents sont exagérément rigides, à la mesure de leur propre insécurité intérieure. Ils tentent de se rassurer par tous les moyens, quitte à se voiler la face... et à être les derniers informés des déviances de l'ado. Le cocon en acier trempé est la cuirasse dont ils ont besoin pour se sentir protégés, et l'ado n'aura de cesse que de vouloir s'en échapper.

Les parents anxieux à l'extrême sont, eux, dans une autre logique. Ils ont une vocation inavouée de bateliers « taxis », quels que soient l'heure et le lieu où ils « doivent » véhiculer l'ado qui fait la fête. Au cours de la soirée, il faut que celui-ci les appelle pour dire si « tout se passe bien »..., histoire de les rassurer et de leur donner rendez-vous, tiens, pourquoi pas, à 3 heures du matin, mais pas devant la discothèque, plutôt derrière ! Heureusement qu'ils avaient prévu, de toute façon, de passer une nuit blanche à l'attendre...

Pour que l'ado prenne encore moins de risques, certains parents stressés vont même accepter de se transformer en capitaines d'un ferry qui serait à la fois *duty-free* et *lawless* – c'est-à-dire sans frein ni lois. Ils reçoivent à la maison la bande de joyeux drilles composée de l'ado et de ses « potes ». Et ceux-ci pourront boire et fumer « ce qu'ils veulent » à l'aise et sans détour, sous leur regard laxiste et bienveillant. Le comble ? Les parents-copains devenant de fidèles compagnons de bordée, telle la mère de Mathilde, 18 ans, qui accompagne sa fille en boîte « pour garder un œil sur elle », ou le père de Sébastien, 17 ans, qui non seulement achète lui-même le cannabis « pour être sûr de sa qualité »... mais en fume avec son fils afin de « faciliter le dialogue »...

Caricatures ? Tous ces exemples sont au contraire véridiques et pas aussi rares qu'on pourrait le croire. Mais il est évident que la plupart des parents naviguent à vue entre ces extrêmes. Comment doit-on se positionner au juste ? Eh bien, justement, même si ce n'est pas toujours facile, en donnant d'abord et avant tout notre position de parents. Plus celle-ci sera claire, plus elle servira de phare éclairant. Garants du cadre, nous ne pouvons pas prôner les conduites illicites. Ni trop proches ni trop éloignés de l'ado, nous devons lui témoigner nos légitimes inquiétudes de parents sans chercher à l'emprisonner par nos arguments et nos attitudes. L'objectif est d'éclairer son espace d'évolution, non de le réduire. Il peut ne pas être d'accord et n'en faire qu'à sa tête. Mais les expériences douloureuses qu'il fera au cours de ses expéditions hors du giron familial entreront ensuite en résonance avec les vues parentales. Et cela le rassurera et l'aidera à mieux se gérer. À condition que les parents adoptent une position commune en regard des risques pris par l'ado ! Qu'ils soient ensemble ou séparés, ils doivent en effet s'efforcer de faire converger leurs faisceaux. Dans le cas contraire, l'ado en profitera pour alimenter le clivage ; il exagérera ses attitudes, sans avoir conscience qu'il espère ainsi les voir se rapprocher. N'oublions jamais que toute provocation attend une réponse ! Et qu'un ado qui semble sciemment se mettre en danger... attend qu'on le reconnaisse comme tel et qu'on le protège.

Dans tous les cas, le dialogue sera utile pour préciser la position de chacun. Mais, là encore, une condition se révèle indispensable : dans « dia-logue », il y a deux parties en présence. À charge donc pour les parents de revisiter leurs propres travers et d'accepter de les confronter à ceux de l'ado.

Quels parents peuvent s'estimer « tranquilles » face aux risques auxquels s'expose tout ado ? Car, même si ce dernier se montre d'ordinaire prudent et mesuré, le fait qu'il fasse corps avec ses pairs peut l'entraîner à en subir les conséquences ou à relever des défis dangereux. Subir, en tant que passager d'un « bateau devenu ivre », un soir de vadrouille motorisée avec ses amis. Subir encore, en acceptant de se soumettre aux épreuves de bizutage nécessaires à son intégration dans un groupe donné. Pseudo-rites que l'absence d'encadrement adulte rend d'autant plus risqués et débordants. D'ailleurs, quant à imaginer de nouvelles bravades, pourquoi l'ado serait-il le dernier à en proposer ?

À fleur de peau, comme à fleur de récif, nos navigateurs ados peuvent être ainsi tentés, sinon de mettre leur propre vie en jeu, du moins d'observer comment les plus téméraires d'entre eux sont capables de le faire dans un mouvement à la fois de défi au destin et de soumission à ses arrêts souverains. Il y a de la fascination dans l'air à s'exposer aux embruns pour se tanner la peau, et cet aspect est en soi un problème que nous, les adultes, devons avoir en tête. Ne tenons pas les jeunes éloignés des émotions liées à la souffrance et à la mort, acceptons de les partager avec eux lorsque les cruautés de la vie nous y confrontent. Et sachons repérer à temps les plus fragiles, ceux qui s'exposent sciemment aux dangers pour se mettre à l'épreuve, comme si la survie ou le sursis était la seule légitimation de leur réalité. Pour ceux-là, en effet, l'enjeu est de s'éprouver au risque d'en mourir, ou encore de « mourir pour exister ». Reconnaissons-les pour éviter qu'ils aient à chercher la preuve « éclatante » de leur existence propre. Celle de leur intimité affective – « Je me fais peur, donc je suis » – tout autant que celle de l'image que les autres leur renvoient – « On me remarque, donc j'existe » –, voire de leur survivance éternelle dans la mémoire de ceux qui restent – « Je me tue pour que vous me gardiez à jamais vivant en vous ».

5

Écorchés vifs

Rompre ou mourir ?

Il ne faut pas confondre la crise d'adolescence et l'adolescence en crise. Certes, comme tous les grands changements, un bouleversement aussi important que la puberté ne peut se concevoir sans crise, c'est-à-dire sans tensions, exaspérations et manifestations violentes. On a d'ailleurs oublié que le mot s'est d'abord appliqué à la phase décisive d'une maladie, l'heure du vrai choix (ce que rend encore l'expression « moment critique »), avant de revêtir le sens de « trouble », de « déséquilibre ». La crise d'adolescence est donc normale, incontournable, à l'heure où la métamorphose du corps sexualise toutes les relations. Il est vrai qu'elle est éprouvante, fatigante pour tout le monde, d'autant qu'elle a tendance à durer. Une crise « durable », l'expression est en soi contradictoire ! Mais, même si elle semble s'éterniser aujourd'hui, elle correspond à un processus normal par lequel l'ado cherche à trouver ses marques, à prendre ses distances, en somme à « faire des écarts » par rapport à ses proches pour se sentir exister en tant que lui-même. Tout cela mobilise une énergie considérable. La fatigue, les élans et les replis, les paradoxes, les moments de « dépressivité », l'anxiété et le doute sont inévitables.

L'agir tient une place importante et les conflits entre l'ado et sa famille sont habituels. La période n'est facile ni pour le sujet, ni pour son entourage. Il n'y a pas d'adolescence tranquille ou « économique ». Et si tel était le cas, il faudrait plutôt s'en inquiéter ! Un adolescent trop sage, trop effacé, trop lisse... n'est pas seulement en déficit de contraste pour se sentir exister. Il est lui aussi dans le trop, c'est-à-dire l'excès, en l'occurrence de conformité, de soumission, d'effacement. Le point important est là : l'ado qui va bien manifeste ses écarts de façon voyante et provocante, mais ses manifestations restent mesurées et globalement contenues ; il y a des excès et même des débordements, mais ceux-ci ne durent pas et, surtout, ne s'aggravent pas. L'ado en tire au contraire profit, en les reconnaissant comme des limites au-delà desquelles il comprend qu'il se met en danger.

Dans l'adolescence en crise, les limites sont mal définies, ignorées ou délibérément dépassées. Ce n'est plus l'écart et le contraste qui sont mis en actes, mais la rupture et la déchirure qui sont agies, quelles qu'en soient les formes ; 10 à 15 % des ados vont mal au point d'avoir besoin de rompre pour se sentir exister. La prise d'écart ne suffisant pas, ils sont conduits à trancher dans le vif de leur chair, de leurs émotions et de leurs relations pour s'éprouver dans tous les sens du terme. Ils doivent en quelque sorte « toucher le fond » pour tester leur résistance, ou bien se précipiter sur les écueils pour vérifier la solidité de leur barque, quitte précisément à se laisser embarquer dans des conduites d'autosabordage. « Cassé, déchiré, lacéré, j'obtiens au moins des sensations qui me prouvent que j'existe, je coupe avec le mal-être qui m'envahit et, en plus, l'identité que je ne parviens pas à trouver dans le contraste, je la définis dans la froissure, la déchirure, pour être sûr(e) que l'on me reconnaisse », pourraient dire la plupart d'entre eux s'ils étaient en mesure de verbaliser leur mal-être.

COMMENT SAIT-ON QU'UN ADO VA MAL ?

Pour les parents, la difficulté est de savoir si le comportement de leur ado appartient à la « bonne » ou à la « mauvaise » crise. Ils ont en effet beaucoup de sujets d'inquiétude. On n'a jamais autant parlé des ados et il ne se passe pas un seul jour sans qu'une chaîne de télévision ou une émission de radio aborde tel ou tel problème : la drogue, la violence, le sida, le suicide, l'anorexie, etc. Et sous prétexte que les témoignages valent mieux que de longs discours, ce sont les ados agissants et les parents impuissants qui sont montrés, voire complaisamment exhibés, le choc des images ou des propos étant réputé faire de bons scores d'audience. Les explications ? les recherches de solution ? Elles sont sommairement envisagées car les « sujets » n'ont été travaillés qu'en fonction de ce que peuvent en exposer les témoins, comme si ces derniers étaient les seuls habilités à pouvoir en parler. Quelques minutes laissées à un « expert » suffisent généralement pour apporter une caution scientifique, mais on n'hésitera pas à lui couper la parole s'il ne fournit pas des réponses simples – entendons évidentes selon le bon sens commun. C'est l'adolescence en crise qui fait recette ; c'est elle qui est télégénique. Et l'on s'emploie à faire croire aux parents que tous les ados peuvent à tout moment et sans raison particulière « péter un câble » et dépasser les bornes. Ce qui a deux effets : inquiéter tous les parents sans leur fournir des éléments d'appréciation ; banaliser toutes les conduites de rupture des ados sans distinguer celles qui révèlent un profond mal-être.

N'habite pas à l'adresse indiquée

« Je n'existe pas donc je ne suis pas ! » L'adolescent en crise est celui qui ne parvient pas à se sentir exister en tant que sujet. Il a l'impression de « non-exister ». Soit parce qu'il estime avoir été ou être toujours chosifié comme un objet, soit parce qu'il est pris dans une relation fusionnelle qui le confond avec l'un des parents, ou encore parce qu'il se sent insuffisamment reconnu par eux, voire ignoré. Que cela soit vrai ou faux, lié ou non à des troubles mentaux personnels, c'est en tout cas ce que ressent l'ado et ce qui lui donne un sentiment de mal-être diffus et tenace. Son identité propre ? Non seulement il ne la reconnaît pas lui-même, mais il la sent confusément reniée, bafouée ou blessée. Souvenons-nous que la construction de la personnalité n'est possible, pour tout sujet, que dans l'intégration de la différence des sexes et des générations. Encore faut-il ajouter que l'accès à l'altérité[1] – c'est-à-dire le fait de pouvoir se percevoir en tant que soi-même, distinct, différent de l'autre – suppose des étayages s'inscrivant dans la différen-

1. On y retrouve le latin *alter*, « autre ».

ciation parents-enfant (« La chair de notre chair est une autre chair »), la délimitation d'espaces d'évolution distinguant soi de l'autre, et une confrontation tolérable permettant la conflictualisation des relations interpersonnelles, selon des modalités acceptables soutenues par l'éducation et la culture. Ces trois axes conditionnent le « devenir adulte ». Et précisément l'ado en crise reste bloqué car ce « GPS identitaire » ne fonctionne pas. Il se sent mélangé, flou, emprisonné, voire dévoré dans les relations avec ses proches. Même si ce n'est pas la cause la plus fréquente, la maladie mentale peut évidemment en être responsable. La schizophrénie est une maladie rare et d'origine inconnue, mais elle se révèle au moment de l'adolescence par une fracture identitaire majeure. Certaines maladies évolutives de l'humeur peuvent également se traduire par une sévère crise d'identité. En dehors des troubles psychiatriques, les traumatismes vécus dans l'enfance peuvent se réveiller à l'adolescence et pulvériser le sentiment d'identité. La disparition tragique d'un parent, les violences sexuelles subies, les sévices ou les abominations qu'a pu connaître un enfant avant d'être adopté en sont de terribles exemples. L'histoire familiale peut aussi être marquée par les non-dits, les secrets de filiation, les ruptures et les violences. Et parfois, dans les familles « sans histoires », l'indistinction de la place et du rôle de chacun, l'exclusivité d'une relation à l'un des parents au détriment de l'autre, une possessivité excessive peuvent rendre l'identité floue, mal définie, fluctuante.

Il est souvent difficile de comprendre pourquoi un ado a le sentiment de « non-exister » et la tentation est grande de trouver sinon un coupable, du moins un responsable bien identifié. D'abord en dehors de la famille en incriminant la société, la drogue ou les mauvaises fréquentations. On confond alors souvent la cause avec la conséquence, lorsque nous sommes aveuglés par la souffrance de l'ado. On ne voit plus que c'est l'ado lui-même qui se précipite vers les extrêmes, faute de pouvoir « se trouver » au sein de contextes moins violents ou auprès de pairs moins radicaux. Et ces « raisons » éludent celles, plus intimes et donc plus difficiles à comprendre ou à accepter, qui concernent, d'une part, l'ado et, d'autre part, ses proches. Reconnaître que ceux-ci sont nécessairement impliqués ne doit pas revenir à systématiquement « charger » la famille, en montrant du doigt le père « absent » ou la mère « toxique » ! Or c'est souvent ce que pensent les observateurs extérieurs : si l'ado va mal, ils en concluent hâtivement que ses parents sont responsables, qu'ils ont failli dans leur mission éducative. Disons-le sans détour, notre expérience nous montre au contraire que la très grande majorité des parents d'ado en souffrance aiment leur enfant, l'ont éduqué correctement et ne sont aucunement « démissionnaires » comme on l'entend si souvent ! Hormis les cas où la maladie mentale est, elle, responsable des troubles, les difficultés sont avant tout d'ordre affectif, soit parce que les parents ont eux-mêmes des problèmes identitaires, soit parce qu'ils n'ont pas conscience que l'amour qu'ils portent à leur enfant est trop possessif, exclusif (donc aliénant), soit encore parce que cet amour les empêche d'y voir clair, de se rendre compte que l'ado va mal, quelle qu'en soit la raison. Trop proches, en somme, une fois de plus un trop qui efface toute distance.

Si les parents sont aveuglés à propos de leur propre ado,

ils ne le sont pas en revanche à l'égard des enfants des autres ! Tout adulte occupe ainsi, sans le savoir toujours, une place de tiers, de témoin. À condition de connaître les principaux signes de mal-être, il peut repérer l'ado qui va mal, le reconnaître comme tel et faire part de ses inquiétudes aux parents concernés. Pas à l'insu de l'ado, de préférence ! Après en avoir parlé avec lui et lui avoir dit en face ce que son comportement a d'inquiétant. Contrairement à ce que l'on croit souvent, cette reconnaissance n'exaspère pas l'ado en souffrance à partir du moment où elle est fondée et non « jugeante » ou moralisatrice. Mais il faut aussi que les parents de l'ado qui va mal acceptent d'entendre cela, sans se sentir jugés, disqualifiés, culpabilisés. Tout ne dépend pas de la manière dont on les avertit ; certains parents ne supportent pas de voir les choses en face ou ont tendance à se reprocher mutuellement d'être responsables du mal-être de leur enfant. Ceux-là ont besoin d'un tiers professionnel pour les aider à sortir de l'impasse.

Garçons en rupture : attention à la casse !

Les garçons à vif se hérissent au propre et au figuré. Ils deviennent de véritables écorchés vifs. Les regarder droit dans les yeux revient à les provoquer, à les défier, et ils ont tendance à « exploser » dès qu'on leur adresse un geste ou un mot qui les touche. Le crâne rasé ou les cheveux disposés en pics gélifiés, les plus radicaux portent plusieurs piercings en « pointes » sur les parties saillantes du visage pour dire : « Attention ! Qui s'y frotte s'y pique. » Leur tenue rompt avec tout – l'ordre, aussi bien que le look ado standard et le regard (capuche rabattue, s'il le faut !), le répulsif l'emportant sur le négligé pour maintenir l'autre à distance respectable. Faire peur, aussi, pour projeter hors de soi d'intolérables sentiments d'insécurité intérieure. L'agressivité est le mode relationnel qui prime et la violence explosive, le moyen de s'exprimer. Quant aux sensations fortes, elles sont avidement recherchées, notamment à travers les consommations et les prises de risque. Rompre, casser, déchirer – à la forme directe ou réfléchie, et souvent de l'une à l'autre à travers des mouvements attaquant alternativement soi et l'autre. Casser, pour eux, ce n'est pas seulement s'en prendre à leur image pour susciter la désapprobation ou l'effroi. C'est également mettre brutalement fin à une relation sentimentale après s'être montré étonnamment possessifs, comme s'ils risquaient de perdre leur identité en se confondant avec l'élu(e) de leur cœur. Les mêmes ados se montrent très sensibles aux blessures amoureuses lorsqu'ils s'en estiment victimes, répondant à la rupture par d'autres ruptures.

Casser, c'est encore commettre des actes antisociaux (vandalisme, tags...) dont l'apparence gratuite est souvent flagrante. Ne nous y trompons pas : du corps propre au corps social, les ados qui s'acharnent à y apposer leurs marques tentent de s'approprier un territoire personnel – leur peau ou les murs des endroits qu'ils fréquentent – puis d'en défendre jalousement l'accès. Rupture et fermeture, en quelque sorte, et volonté de laisser des traces de son passage pour se sentir exister. La colère, le ressentiment et l'émulation collective peuvent faire aboutir ces dégradations au saccage pur et simple. Les garçons en rupture s'associent souvent en bandes pour faire corps et y trouver les étayages qui font défaut ailleurs. Ils se montrent rebelles en dehors du groupe et étonnamment soumis à ses règles et à sa hiérarchie à l'intérieur, preuve s'il en est que chacun cherche la réassurance pour atténuer de forts sentiments d'insécurité en soi. Trouver une place dans le groupe des pairs, c'est se définir une identité de fortune et pouvoir exprimer sa rage à plusieurs voix, autre volet de la réassurance. « Démuni seul, je deviens plus fort avec le groupe », pourraient-ils dire.

Ce corps groupal d'ados qui vont mal compose d'ailleurs une sorte de figure collective incarnant, dans l'outrance, ce que feraient des jeunes gens redevenus nourrissons : ils passent leur temps à manger, à boire et à fumer, sèment leurs déjections là où ils se trouvent, hurlent et vocifèrent constamment, se cherchent, s'invectivent, se battent, font vrombir leurs engins motorisés, parlent toujours et tout le temps de la même chose. Et ce corps groupal cherche à être contenu, se précipitant souvent dans la violence contre toutes les instances, pour établir ce qui s'apparente souvent à un véritable « corps à corps » en quête de limites.

La plupart de ces garçons se mettent également en péril au risque de « se casser », en se livrant à toutes sortes de conduites dangereuses, qu'elles soient motorisées, parasportives (challenges sur des lieux élevés, épreuves de vitesse...) ou pseudo-initiatiques (bizutage, jeux dangereux au moyen d'explosifs...). Mais la violence qu'ils expriment peut prendre ouvertement la forme de l'autosabordage : ils détruisent leur chambre ou les objets auxquels ils tiennent, s'emploient à couler leur scolarité, se font virer de l'école pour obtenir une identité dans le négatif. Lors d'accès de rage, ils se frappent la tête ou les poings contre les murs jusqu'à se blesser, comme s'ils cherchaient des limites suffisamment solides pour les contenir. Et pour ne plus penser afin de ne plus souffrir, ils se déchirent eux-mêmes à travers des ivresses répétées à l'alcool et au cannabis, voire à l'aide d'autres substances psychoactives. Les quantités absorbées, les mélanges réalisés et la rapidité avec laquelle ces produits sont incorporés n'ont pas seulement pour effet de les couper au plus vite de la réalité et de liquider leurs angoisses. Ils se rendent en plus malades, comme pour dire : « Je ne peux pas m'occuper de moi-même, j'ai besoin qu'on le sache, qu'on s'en préoccupe et qu'on me prenne en charge. »

On mesure combien ces agissements de « déchirés vifs » possèdent une dimension suicidaire. Il n'est donc pas étonnant de les voir précéder ou accompagner l'envie « d'en finir ». Lorsque les garçons pensent au suicide, ils envisagent un acte de rature du corps. Ce trait rageur et désespéré prend souvent la forme d'une balle ou d'une corde. La violence potentielle du moyen utilisé est en soi fortement mobilisatrice, tout échec ou reculade étant perçu comme lâche et méprisable. Leur masculinité est en quelque sorte mise en jeu, ce qui explique sans doute le recours plus ou moins conscient à des méthodes exprimant la puissance virile : pendaison, arme à feu ou collision automobile. S'exhiber « raide » à jamais au bout d'une corde ou « faire gicler » sa souffrance à la face du monde constituent des représentations masculines répandues du triomphe suicidaire. Cette violence explique que si les deux premières causes de décès sont, chez les jeunes, les accidents de la route et les suicides, dans les deux cas la surmortalité masculine s'établit dans un rapport de trois garçons pour une fille.

Avant d'avoir à craindre l'issue tragique de l'accident ou du suicide, il faudrait pouvoir reconnaître à temps ces situations de détresse et proposer de l'aide. Mais les obstacles sont nombreux et difficiles à lever. D'abord, les parents ne sont pas les mieux placés pour reconnaître avec objectivité que l'ado file un mauvais coton. Ils tardent souvent à y voir clair, se focalisent sur les problèmes scolaires et ne prennent pas toute la mesure de la volonté de rupture qui anime le garçon en difficulté. Ensuite, parce qu'elles prennent souvent la forme de violences antisociales, les conduites de rupture des garçons ne sont pas perçues à temps comme des signaux de détresse psychologique. Les exactions perpétrées les confrontent plus souvent aux policiers et aux magistrats qu'aux acteurs de santé. Or les seules mesures éducatives et coercitives, pour nécessaires qu'elles soient, ne peuvent suffire à résoudre les problèmes identitaires de ces ados. Enfin, ces derniers se montrent rétifs vis-à-vis des dispositifs d'aide psychologique dont ils ne perçoivent ni l'intérêt ni le sens. Certains d'entre eux pensent même que se faire aider par un psy est un comportement de fille !

Comment en sortir ? Il faut d'abord savoir que le mot clé qui doit servir de base à toute discussion est respect. Encore moins que les autres, l'ado qui va mal ne peut supporter le regard qui le déprécie ou l'humilie. Souvent, d'ailleurs, pour justifier son agressivité à l'encontre de quelqu'un, il déclare : « Il/elle m'a mal regardé ! » Il convient donc d'avoir conscience que son besoin de reconnaissance suppose qu'on lui accorde de véritables marques de respect. À partir de là, on peut parler avec lui du manque de respect qu'il manifeste à l'égard d'autrui. Marcher sur les pieds de l'autre, au propre ou au figuré, c'est lui porter atteinte et menacer son intégrité territoriale. Il faut aussi savoir que les garçons ont du mal à se soumettre individuellement à l'autorité. « Se soumettre, c'est se démettre », pensent-ils à l'âge où l'intégration des limites s'effectue dans la confrontation. C'est pourquoi les modalités de prise en charge collective des garçons sont importantes à prendre en compte.

D'autre part, lorsque les tensions intrafamiliales se cristallisent autour de l'échec scolaire, il est urgent de détendre l'atmosphère. Et ce n'est pas en prétendant se désintéresser subitement de l'ado que les parents peuvent y parvenir. Il faut plutôt déplacer les enjeux scolaires hors de la maison. L'internat peut être ce terrain neutre, capable d'éviter le naufrage en fournissant un cadre plus rigide, mais accepté par l'ado car dégagé des pressions affectives. Évidemment, la solution de l'internat ne doit pas représenter un évincement ou une punition. C'est une expérience à tenter pour apaiser le jeu et faire en sorte que tous aient plaisir à se retrouver lors des week-ends et congés scolaires. On peut dire à l'ado en échec et, éventuellement, déjà en rupture : « On est tous malheureux de cette situation. Tu n'y arrives pas et nous non plus. On se fait du mal. Essayons cette solution. Tu reviendras le week-end et on passera de bons moments ensemble. » Parce qu'il va trouver d'autres jeunes comme lui et un cadre approprié permettant d'étudier à l'abri des tentations, l'adolescent peut alors se saisir de cette opportunité pour aller mieux et se réapproprier ses études.

Enfin, souligner l'importance des problèmes affectifs dans la genèse des conduites violentes chez les jeunes ne doit pas minimiser la responsabilité de leurs auteurs. Au-delà du crime qui relève de l'application du Code pénal, tout délit ou infraction appelle une sanction. Il faut cependant que celle-ci soit juste et mesurée en regard de la faute commise et, surtout, qu'elle favorise une meilleure compréhension des limites à ne pas franchir. Les interdits visent en effet à contenir ce qui est plus ou moins secrètement désiré chez tout individu. Ils sont d'autant plus respectés qu'ils sont jugés respectables par l'ensemble du groupe auquel ils s'appliquent. Leur transgression signale la primauté du désir sur les contraintes et les frustrations, quel que soit le prix payé par ceux qui en font les frais. La violation de la loi nécessite une sanction, cette dernière ayant pour triple fonction de rappeler l'énoncé de l'interdit, de punir le coupable et de donner aux victimes – dans une certaine mesure, bien sûr – réparation du préjudice subi. Elle doit également s'accompagner, au niveau des circonstances atténuantes, de la recherche d'une plus grande lisibilité quant à la nature du désir ayant présidé au passage à l'acte. Or, chez beaucoup d'ados responsables de violences, les liens établis entre l'interdit, le désir, la transgression et la peine encourue n'ont pas de sens. C'est la raison pour laquelle les sanctions infligées doivent, le plus souvent, s'assortir de mesures éducatives et, dans certains cas, être relayées par des prises en charge psychologiques.

Toute la difficulté réside dans l'application de ces principes, sachant que les dispositifs institutionnels manquent souvent de moyens humains et matériels pour mener à bien une telle stratégie. Sachant aussi que l'alliance parentale est éminemment souhaitable pour renforcer l'efficacité des mesures envisagées, qu'elle n'est pas – loin s'en faut – toujours obtenue, mais que les mesures de rétorsion parfois envisagées à l'encontre des « parents défaillants » restent discutables : à partir de quoi peut-on affirmer qu'il y a abandon de poste de leur part, et non naufrage familial pur et simple ? En quoi punir les parents peut aider l'ado « déviant » à reprendre le droit chemin ? Comment éviter l'injustice et la justice de classe ?

Deux autres pièges sont à éviter : apposer l'étiquette de délinquant à un ado qui vient de commettre un délit mineur risque de l'amener à s'emparer de cette nouvelle identité que lui confère ainsi la société. S'abstenir de répondre à une exaction (par laxisme démissionnaire ou interprétation « psychologisante » abusive) incite l'ado à recommencer au moyen de toutes les déviances possibles, jusqu'à ce qu'il rencontre la butée de la loi. Quant à l'aide psychologique proposée, elle demande également à être adaptée. Les institutions spécialisées développent actuellement des groupes de parole qui offrent l'avantage d'être collectifs, donc mieux supportés, au moins au début de la prise en charge. Les soins plus personnels nécessitent des explications et des aménagements afin que l'ado concerné puisse s'en saisir et y trouver intérêt et soulagement.

Filles en rupture : fuite à corps perdu !

Quand elles vont mal, les filles peuvent se hérisser, mais elles ont surtout tendance à faire de leur corps le haut lieu d'effacement, de retrait et de purge des problèmes qui leur prennent la tête. Tout est centré sur la fuite par le corps, que ce dernier soit escamoté, endormi, gavé ou privé, jeté en pâture ou scarifié... jusqu'à en faire de véritables écorchées vives. Il y a donc également beaucoup de violence, mais celle-ci prend pour cible principale le corps propre et reste

« socialement correcte », à la différence des garçons qui la projettent plutôt sur le corps d'autrui. Les filles en grande détresse identitaire peuvent « masculiniser » leurs conduites de rupture, mais leur première façon de « se casser » consiste à faire une fugue ou – ce qui revient au même – à quitter précipitamment l'école sans dire où elles se rendent. L'absentéisme scolaire est une fuite qui ne dit pas son nom et qui est trop souvent rapportée à la phobie. Fuguer comporte deux attentes : d'une part, s'évanouir dans la nature avec le secret espoir de faire disparaître ainsi les problèmes ; d'autre part, briller par son absence pour se faire reconnaître. Une coupure dans l'espoir d'un escamotage et d'une reconnaissance, en somme. La fugue est aujourd'hui l'un des indicateurs les plus précoces du mal-être, avec une autre forme de coupure – cutanée, celle-là –, à travers les scarifications dont la fréquence ne cesse d'augmenter chez les moins de 16 ans. En matière d'effacement, les filles s'évanouissent tout court plus souvent que les autres, présentant des malaises, des syncopes qui les conduisent à l'infirmerie scolaire. Les « prises de tête » leur font consommer des médicaments au premier rang desquels figurent les tranquillisants (anxiolytiques, somnifères) et les produits réputés agir contre la fièvre et les céphalées. Lorsqu'elles veulent « dormir » pour tout oublier ou qu'elles envisagent de ne jamais se réveiller, elles font des tentatives de suicide par intoxication médicamenteuse volontaire. Si trois suicides aboutis sur quatre sont masculins, les trois quarts des tentatives de suicide (TS) sont féminines, 90 % d'entre elles étant effectuées par absorption de médicaments. Chez les jeunes filles, plusieurs facteurs se conjuguent pour expliquer cela. Aussi curieux que cela puisse paraître, elles ont moins souvent recours à des moyens violents, parce qu'elles désirent préserver – même dans la mort – leur intégrité corporelle. Chez elles, la représentation mentale d'une mort violente s'accompagnant d'éclatement ou de morcellement du corps est d'ailleurs associée à une intolérable idée de souffrance. L'envie de disparaître sans souffrir les conduit vers la recherche d'un « profond sommeil » qui réalise une représentation métaphorique de la mort (sommeil éternel) et du repos transitoire (sommeil réparateur). Il s'agit d'une mise entre parenthèses laissant le destin décider si l'arrêt sur image sera momentané ou définitif : « Ou bien je me réveillerai et les choses auront changé... ou bien je ne me réveillerai pas et peu importe ce qu'il adviendra. » C'est aussi s'en prendre à la tête qui est le siège de tensions insoutenables. La léthargie toxique est recherchée parce qu'elle anéantit les pensées en les endormant. On retrouve là ce que cherchent les garçons dans l'ivresse et la défonce à l'alcool et au cannabis. Il s'agit d'escamoter les problèmes, de les dissoudre, de voir s'évanouir en même temps que soi ses difficultés existentielles et, comme dans la fugue, de sommer autrui de reconnaître cette absence.

Toutes les autres conduites de rupture typiquement féminines interpellent les limites corporelles entre le dedans et le dehors. La peau, à travers les scarifications et les brûlures cutanées volontaires ; l'appareil digestif, en privant ou en gavant le corps d'apports en nourriture, et en l'attaquant ensuite par le biais des vomissements provoqués ou de la prise de laxatifs ; les formes corporelles, en s'acharnant à les réduire par l'ascèse ou à les noyer dans l'obésité, et souvent à les effacer par le port de vêtements amples et flous. Quant à se livrer « à corps perdu » dans la sexualité délibérément non protégée, c'est pour certaines jeunes filles un moyen de jeter en pâture ce corps en trop, ou espérer secrètement un changement d'état comme la grossesse pour résoudre leurs difficultés identitaires.

Parmi les jeunes filles en détresse, certaines se montrent plus inquiétantes encore que les autres. Ce sont celles qui ont commencé à fuguer, à se scarifier ou à faire des TS avant l'âge de 15 ans et qui cumulent les différentes formes de rupture, en les répétant et en les aggravant.

Au contraire des garçons, les filles en difficulté n'hésitent pas à demander de l'aide auprès des professionnels de santé. Comme nous l'avons montré dans une étude récente [1], ce sont des « habituées » de l'infirmerie scolaire et elles consultent aussi beaucoup les médecins de ville. Mais les plaintes qu'elles évoquent sont souvent vagues et présentées dans le registre corporel (maux de tête, de ventre, malaises, troubles du sommeil, etc.). Faute de formation suffisante, les médecins consultés s'en tiennent parfois exclusivement à la réduction du symptôme, sans prendre suffisamment en compte la notion de plainte et son contexte. Et lorsqu'ils prescrivent des calmants, nombreuses sont les jeunes filles qui vont en faire un usage inadapté, voire les absorber sciemment en excès pour se défaire de leur souffrance. C'est en effet le paradoxe : ces jeunes filles sollicitent de l'aide mais elles restent ambiguës dans leur demande, attendant (et espérant) que le praticien « comprenne » leur mal-être

1. M. Choquet, X. Pommereau, C. Lagadic, *Les Élèves à l'infirmerie scolaire : identification et orientation des jeunes à haut risque suicidaire*, Paris, éd. Inserm, 2001.

sans qu'elles aient besoin d'en dire davantage. Et il n'est pas rare que ce soient elles qui réclament des médicaments, préférant la magie chimique – que certaines appellent la « gomme à effacer les problèmes » – aux efforts à fournir pour verbaliser leurs états d'âme. Le constat est d'ailleurs préoccupant : non seulement la France connaît une consommation élevée de médicaments psychotropes, mais celle-ci est forte chez les jeunes, notamment chez les filles [1].

Les infirmières scolaires ont l'expérience de ces demandes voilées qui méritent de plus amples explicitations. Elles savent que certains signes doivent être explorés, comme l'absentéisme, les malaises à répétition, les plaintes physiques variables, les troubles alimentaires, l'abus d'alcool et de cannabis, le repli, la somnolence pendant les cours, etc. Mais elles ne sont pas toujours à l'aise pour poser des questions précises concernant les « idées noires », l'envie de fuguer, la consommation de médicaments « pour les nerfs », les blessures auto-infligées, les diverses prises de risque, les violences subies. Or, si ces aspects ne sont pas franchement abordés face à une ado que l'on sent en souffrance, il est peu probable que celle-ci ose spontanément en faire mention. Les infirmières savent aussi que le contexte familial et social demande à être apprécié, mais là encore la crainte de poser des questions « gênantes » peut

1. Parmi les adolescents âgés de 17 ans ayant participé en 2002 à la journée d'appel et de préparation à la défense, on constate que l'expérimentation de médicaments psychotropes concerne 123 garçons sur 1 000 et 307 filles sur 1 000. Source : F. Beck, S. Legleye, *Usages de drogues et contextes d'usage à la fin de l'adolescence, évolutions récentes*, ESCAPAD 2002, Paris, Observatoire français des drogues et des toxicomanies, 2003.

limiter l'information à un constat elliptique du genre « Je ne supporte pas mon beau-père » ou « Je dois m'occuper de ma mère qui déprime ».

Quoi qu'il en soit, pour les parents comme pour les professionnels, le repérage de ces signes ne suffit pas. Et si tout le monde s'accorde à dire qu'une prise en charge « psy » serait souhaitable (voir encadré), que l'ado elle-même y est favorable – ce qui est plus fréquent chez les filles... –, le délai moyen pour obtenir un premier rendez-vous avec un psy est actuellement, en France, de trois mois ! Un peu long pour une urgence, non ? Pour cause de diminution de la démographie médicale et d'une répartition très inégale des praticiens sur le territoire national, les places sont devenues chères chez les psys (psychiatres et psychologues confondus).

D'une manière générale, l'information des parents et la formation des professionnels de santé sont encore insuffisantes malgré d'incontestables progrès accomplis ces dernières années. Si l'on a moins tendance à banaliser les TS ou les troubles anorexiques graves, certaines manifestations de rupture sont encore considérées comme de simples « coups de tête » sans conséquence. C'est notamment le cas des fugues, des scarifications et des crises de boulimie (suivies ou non de vomissements provoqués), qui sont sinon ignorées, du moins trop souvent attribuées à de banales « passades » de la crise d'adolescence. Or toutes les études montrent aujourd'hui que ces signes précoces signalent un mal-être dont l'évolution peut se faire vers des troubles plus graves (dont les TS). Leur survenue au début de l'adolescence, voire avant, leur association, leur répétition et leur caractère durable représentent des critères de gravité à prendre en compte. Au même titre que l'« inversion » des conduites en fonction du sexe, lorsqu'une fille adopte des conduites de rupture typiquement masculines (violences contre autrui, déchirures à l'alcool et au cannabis, attitudes de défi et prises de risque)... ou qu'un garçon fugue, se scarifie ou se fait vomir.

Les parents et les adultes doivent également tenir compte d'un aspect essentiel : les appels à la raison, les injonctions aux efforts et les conseils correspondants sont le plus souvent dénués d'effets positifs durables. Les ados en mal-être croient en effet savoir avec qui ou avec quoi ils veulent rompre... sans avoir conscience des ressorts cachés de leur souffrance. Mal dans leur peau et dans leur tête, ils ne savent pas que les actes qu'ils posent sont bien plus que des « réactions » et des voies d'échappement vis-à-vis de difficultés banales de l'existence (rupture sentimentale, échec scolaire, conflit familial...). À leur insu, leurs actes « parlent », traduisant en ruptures manifestes, visibles et palpables les brisures affectives enfouies au plus profond d'eux-mêmes. Et ce, à travers des métaphores qui leur échappent mais qui transposent les « bleus de l'âme » dans le registre du corps et des conduites. Cela constitue un langage codé... dont ceux qui l'émettent n'ont pas toutes les clés, et qui peut longtemps rester ignoré ou banalisé par l'entourage faute d'être déchiffrable. C'est tout le problème de ce « langage par l'acte » qui s'ignore et risque d'être ignoré. Il figure et révèle des plaies intérieures en leur donnant l'apparence et la forme de blessures ou de violences corporelles, mais l'accès à ce qu'il exprime reste secret.

Les raisons profondes du mal-être appartiennent à l'histoire de l'ado ou à celle de sa famille, et elles s'inscrivent dans divers registres. Le vrai problème, c'est qu'elles restent tapies dans l'ombre et difficiles d'accès. Les jeunes filles concernées, comme les garçons d'ailleurs, peuvent avoir une certaine conscience de l'« endroit » où se cache leur souffrance, mais craindre de la débusquer avec des mots et de se retrouver désemparées devant elle. Les ados préfèrent alors ne pas en parler, redoutant d'aller encore plus mal. Il y a aussi des blessures que certains refusent d'exposer trop ouvertement, parce qu'elles sont vécues, à tort, comme honteuses ou parce que leur désignation précise pourrait, selon eux, avoir des conséquences catastrophiques. Et puis il y a celles que les jeunes en souffrance ont tellement cherché à oublier qu'ils ne savent plus où elles sont exactement. Ces blessures-là n'ont pas de nom ; elles s'abritent généralement derrière des causes « écrans » qui servent de leurres, de fausses justifications au mal-être, manière inconsciente de se duper soi-même. Ainsi Justine, 16 ans, dont le père s'est suicidé par arme à feu il y a quatre ans, a eu plusieurs aventures sentimentales au cours des six derniers mois avec des hommes beaucoup plus âgés qu'elle. Et Justine a tenté de se suicider en avalant des somnifères après que l'un d'entre eux, âgé de 38 ans, dont elle se disait « éperdument amoureuse », l'eut plaquée au bout de trois semaines de liaison.

Que faire pour aider les ados qui vont mal ?

Avant toute chose, il faut avoir à l'esprit que si les ados expriment des troubles et des actes, ce n'est pas seulement pour se défaire de leur souffrance et pour tenter de lui donner forme. Même s'ils n'en ont pas conscience, ils émettent des signaux destinés à être vus. En quête d'identité, ils sont en attente d'une définition d'eux-mêmes par ceux qui les côtoient. Et cette « reconnaissance », les parents tardent souvent à la donner car ils sont trop près, trop impliqués et manquent d'objectivité. C'est donc aux tiers de reconnaître la souffrance et d'alerter. Camarades et adultes de la communauté éducative peuvent jouer ce rôle.

Face à un ado qui multiplie les signes de rupture, il faut pouvoir dire, si on le pense vraiment : « Moi qui te vois, je me fais beaucoup de souci pour toi en ce moment parce que j'ai l'impression que tu ne vas pas bien du tout. » À partir du moment où on ne le juge pas et qu'il n'est pas contraint de se justifier, l'ado perçoit cette attitude comme une reconnaissance de sa souffrance et une véritable marque d'intérêt. Un échange peut alors avoir lieu, à condition que l'interlocuteur se garde de donner son propre avis sur les problèmes abordés ou de conseiller d'apparentes solutions qui n'engagent que lui. Dans de telles circonstances, dialoguer consiste plutôt à exprimer ce que l'on constate, faire préciser ce que l'on ne comprend pas et écouter ce que le sujet veut bien en dire. Lorsque les confidences deviennent trop intimes, il faut signifier clairement que les limites de ce que l'on peut entendre sont atteintes et que l'on n'a aucune légitimité à « tout savoir ». Il y a aussi des confidences qui prennent en otage celui qui les reçoit. C'est par exemple le cas de révélations d'abus sexuels assorties de l'exigence d'en conserver le secret. Il faut alors avoir le courage et la franchise de dire que l'on ne peut en rester le seul dépositaire, au regard de la loi et de son éthique personnelle.

Quoi qu'il en soit, la reconnaissance et l'écoute de la souffrance d'un ado en mal-être doivent toujours être mises en perspective avec les limites de son rôle, de sa fonction, de ses attributions.

Au sein de l'école, camarades de classe et enseignants sont des tiers qui ne sont ni des professionnels de la relation ni des soignants. Il leur appartient de s'en souvenir et d'accompagner, dès que possible, l'ado en souffrance vers l'infirmière scolaire, l'assistante sociale ou le conseiller principal d'éducation (CPE) de l'établissement. On peut se positionner en ces termes : « Tu as bien voulu aborder avec moi certaines de tes difficultés. Je reste bien sûr à ta disposition pour continuer à en parler, mais elles sont sérieuses et elles méritent que tu fasses le point avec quelqu'un dont c'est le métier. Tu devrais aller voir de ma part telle ou telle personne. » Ces professionnels appartiennent à la communauté éducative. Ils évalueront l'état de mal-être et son retentissement sur la scolarité. Ils aideront également l'adolescent à mettre des mots sur sa souffrance. Avec l'accord de l'élève et dans le respect des règles de confidentialité, ils pourront se concerter avec les enseignants et le chef d'établissement pour adopter une position institutionnelle cohérente et rencontrer les parents afin de les informer et de les conseiller. Mais ils auront aussi à fixer les limites de l'aide apportée au sein de l'école. L'institution scolaire est un lieu d'enseignement, non un dispensaire ou un foyer socio-éducatif, encore moins un centre de psychothérapie. L'infirmerie, les permanences de l'assistante sociale et celles du médecin scolaire constituent des enclaves nécessaires et utiles parce qu'elles sont repérées comme telles et qu'elles représentent les interfaces entre l'école et les ressources médico-sociales extérieures. Et précisément parce que les élèves en mal-être ont des difficultés identitaires, l'école doit éviter toute confusion des rôles. C'est pourquoi il n'est pas souhaitable selon nous qu'elle propose dans ses murs des consultations de psychologue pour « répondre aux besoins des élèves en souffrance ». Une telle prise en charge doit se faire hors de l'école. Il est vrai que les ressources « psy » demandent à être révisées à la hausse et que de nouveaux lieux d'accueil et de consultation pour ados doivent être créés.

Qu'attendre d'un psy ?

D'abord, de quel « psy » parle-t-on ? Le psychiatre est un médecin spécialisé dont les actes sont pris en charge par la Sécurité sociale. Il peut prescrire des médicaments et/ou proposer une psychothérapie. Le psychologue n'est pas médecin. Il réalise des bilans psychologiques et peut aussi être psychothérapeute, mais ses consultations ne sont pas prises en charge, sauf par certaines mutuelles. L'un et l'autre sont des spécialistes de santé mentale, ce qui ne doit pas laisser croire qu'ils ne s'occupent que des malades mentaux ! La souffrance psychologique fait également partie de leur domaine de compétence. Bien que l'on ne connaisse pas encore avec certitude l'origine de la plupart des troubles mentaux graves, on dispose aujourd'hui de médicaments psychotropes qui en réduisent considérablement les effets délétères sur la vie psychique, relationnelle et socioprofessionnelle. Pour autant, toute souffrance psychologique ne relève pas d'un traitement médicamenteux, surtout à l'adolescence où la personnalité est encore en construction. N'oublions pas que les ados eux-mêmes sont en quête d'expédients visant à se calmer... pour ne plus penser. Parmi les jeunes qui vont mal, moins d'un tiers ont besoin de manière durable d'un traitement psychotrope. Mais la correction d'un épisode dépressif, le soulagement d'une angoisse débordante ou la régulation du cours de la pensée et de la vie émotionnelle ne doivent pas être les seuls objectifs à atteindre. Il faut les prescrire lorsque les ados ne sont pas en mesure de supporter un travail de mise en sens de leur souffrance.

Ce « travail » devra pourtant se faire. Il répond à la nécessité d'une psychothérapie, traitement de fond qui devrait être plus souvent retenu, même si une « préparation » se révèle un préalable indispensable. Pour qu'il adhère à ce qu'on lui propose, l'ado qui va mal ne doit pas avoir l'impression que l'on cherche à se débarrasser de lui parce que « son cas est trop grave ». La peur du milieu psychiatrique est encore tenace. L'ado craint d'être « traité comme un fou », c'est-à-dire d'être hospitalisé contre son gré en service de psychiatrie et d'être drogué par les calmants. Il faut donc lui expliquer pourquoi une prise en charge médico-psychologique est souhaitable et ce qu'il peut en attendre. On peut lui dire que les troubles présentés ne disparaîtront pas d'eux-mêmes et que l'aide d'un psychiatre ou d'un psychologue s'impose. Lorsque l'indication d'une psychothérapie est posée, celle-ci demande à être éclaircie, au moins dans ses grandes lignes. En premier lieu, ce qu'elle n'est pas : une solution magique qui n'en serait que plus décevante à brève échéance ; une écoute passive et silencieuse d'une parole qui se déviderait pour ne rien dire ; une source de conseils censés amener le sujet à faire des choix qui ne seraient pas les siens. C'est au contraire à une écoute active qu'invite la psychothérapie, afin de rétablir les différents champs du langage, c'est-à-dire aussi bien le langage intérieur et ses chaînes associatives, que le discours parlé mettant en mots le ressenti et le vécu. Il ne s'agit pas tant de raconter son mal-être que d'identifier en soi les clés pour le comprendre et le dépasser. Avec son thérapeute, l'adolescent doit avoir le sentiment de dialoguer, ce qui implique de la part du praticien l'aménagement de véritables échanges et d'une distance relationnelle supportable. La fréquence, le rythme et la durée des entretiens ont aussi leur importance, afin de tenir compte des particularités adolescentes (congés scolaires, disponibilité réduite en période d'examen, dépendance aux parents pour le transport et le paiement des séances, etc.).

L'orientation vers la consultation d'un « psy » n'aura cependant les effets escomptés que dans la mesure où l'ado et ses proches en comprendront l'intérêt et le sens. Dans bien des cas, ces personnes ne sont pas prêtes à s'investir d'emblée dans un travail d'élaboration psychique, individuel ou familial. L'absence de remise en question personnelle et la croyance défensive en tel ou tel facteur causal (fréquentations douteuses, conflit avec un professeur, manque de volonté, surmenage, etc.) interdisent tout réel investissement envers un projet de soins dont les bénéfices thérapeutiques ne seront ressentis qu'à moyen terme. Lorsque l'adolescent multiplie les conduites de rupture sans pouvoir s'engager dans un réel suivi psychologique, il est alors souhaitable d'évoquer avec lui l'intérêt d'un séjour de transition dans une institution capable d'exercer une fonction de tiers, afin de préparer chacun à un travail psychique en profondeur.

LES SCARIFICATIONS : POURQUOI SE FAIRE MAL ?

Improprement appelées « automutilations » puisqu'elles n'entraînent pas la privation irréversible d'un membre ou d'un organe, les scarifications sont des pratiques adolescentes en nette augmentation depuis une dizaine d'années. Ce sont aussi les violences cutanées auto-infligées les plus courantes, loin devant les ecchymoses, les abrasions et les brûlures volontaires. Dans l'enquête que nous avons effectuée avec Marie Choquet [1] auprès de collégiens et de lycéens consultant l'infirmière scolaire, nous avons constaté que 11,3 % des filles et 6,6 % des garçons reconnaissent s'être fait mal volontairement (couper, brûler) au cours des douze derniers mois. Et parmi les élèves ayant déclaré avoir déjà fait au moins une tentative de suicide, près des trois quarts (72,6 %) signalent des antécédents de coupures ou brûlures, contre 15,9 % chez les non-suicidants. Rarement envisagées par leurs auteurs comme un moyen d'en finir, les scarifications constituent donc des indicateurs de risque suicidaire qui doivent être reconnus comme tels. Tandis que les ecchymoses provoquées par le heurt de la tête ou des poings contre une surface dure sont plutôt des blessures de garçons, les scarifications et autres violences cutanées s'observent typiquement chez les filles entre 13 et 16 ans. Comme nous l'avons vu, les garçons en mal-être se pro-

1. M. Choquet *et al.*, 2001, *op. cit.*

jettent et tentent de se définir à travers la violence de la rencontre avec l'autre ou les limites de l'autre, alors que les filles s'en prennent à leur corps et à leur peau en tant qu'interfaces entre le dedans et le dehors. Il n'en demeure pas moins qu'il y a des garçons qui se scarifient, « inversion » à considérer comme un critère de gravité et imposant une évaluation psy.

Les conduites de rupture... cutanée

Les scarifications sont des incisions de la peau superficielles et contrôlées. Elles sont faites sur le dos de la main, le poignet ou l'avant-bras opposé à la main directrice, plus rarement sur la jambe. Elles sont le plus souvent multiples et parallèles les unes aux autres, « barrant » le segment de membre considéré. Elles peuvent aussi s'entrecroiser pour déterminer un quadrillage ressemblant aux mailles d'un filet. En l'absence de grattage ou de réincision des plaies, elles produisent d'ordinaire des cicatrices fines qui ont tendance à s'effacer avec le temps pour laisser de fins liserés de peau plus claire. Les scarifications sont obtenues au moyen d'objets tranchants divers qui frappent par leur banalité et leur taille modeste. Ils peuvent être réputés coupants ou perforants (cutter, lame de rasoir, éclat de verre, compas scolaire, punaise ou pointe, etc.), ou être détournés à cette fin de leur fonction (couvercle de CD, bord de carte électronique, etc.). Mais, dans tous les cas, l'entourage est impuissant : même si l'on faisait disparaître de la maison couteaux et ciseaux, l'ado pourrait se faire mal avec n'importe quoi d'autre ! De plus, beaucoup d'adolescentes préméditent leur geste ou se ménagent la possibilité de le faire en se constituant des caches d'objets coupants, rappelant en cela le comportement des boulimiques avec la nourriture. À l'instar des prisonniers qui n'ont de cesse de tenter de « sortir » en utilisant leur corps comme espace de liberté et de revendication identitaire, quitte à le meurtrir, les adolescentes enfermées dans leur souffrance dissimulent elles aussi des morceaux de verre ou des lames de rasoir pour en disposer, le moment venu. Dans les institutions ayant en charge des adolescents en difficulté, la circulation d'objets tranchants et les échanges de « bons procédés » entre pairs peuvent constituer autant d'interfaces de provocation et d'affrontement vis-à-vis des équipes qui les encadrent.

Les abrasions cutanées, moins fréquentes, précèdent ou accompagnent les scarifications. Elles sont obtenues par grattage ou frottement répété (ongles, morceau de sucre, surface rugueuse...) et produisent des plages de peau meurtrie pouvant s'étendre sur toute la face externe de l'avant-bras ou de la jambe. Rarement exhibées de manière directe, elles sont pourtant souvent indirectement suggérées à travers les énormes pansements de tulle gras très « exposants » qu'elles nécessitent. À l'inverse, certaines ados s'emploient à les dissimuler, voire à les entretenir par le port de textiles irritants.

Les brûlures cutanées, plus rares, résultent de l'action du feu (braise de cigarette, flamme de briquet) ou de l'application d'une substance érosive (aérosol pulvérisé avec insistance au ras de la peau). Elles sont généralement très localisées et peuvent être profondes. À l'image des lésions qu'elles provoquent et de la cicatrisation difficile à laquelle certaines conduisent, ces lésions correspondent à une souffrance identitaire encore plus brûlante qui fait souvent écho à des antécédents de violences sexuelles subies.

De telles conduites ont un aspect « sado-maso » qui n'échappe à personne. Or la plupart des ados qui s'y livrent ne sont pas des pervers au sens fort du terme, mais l'entourage a du mal à saisir leur souffrance sous-jacente. Il n'est pas seulement question de manipulation délibérée et répétée d'objets coupants. Pour les proches, il y a de la manipulation dans l'air à travers les diverses subtilités du « montré-caché » et, surtout, à travers ce qu'en disent les ados concernées : « J'ai besoin de me faire mal pour aller mieux », « Je ne peux pas m'empêcher de le faire, c'est plus fort que moi ». Beaucoup de parents ont en tête qu'un animal qui se mord lui-même est malade ou dans l'incapacité de supporter la captivité. Rapportées à l'ado, ces évocations laissent pantois : elle ne semble pas malade et elle est encore moins prisonnière ! Ne la laisse-t-on pas tranquille, jusqu'à parfois ignorer ou banaliser délibérément les blessures qu'elle s'inflige, elle qui ne cesse de dire « Lâchez-moi avec ça, c'est rien, c'est juste pour me calmer ! » ?

Comment comprendre ces paradoxes ? Les ados qui se scarifient reconnaissent vouloir se faire mal, sans pour autant avoir envie de se blesser gravement. Et bien que dans leurs blogs sur Internet elles revendiquent parfois une recherche esthétique un peu « gore » ou une appartenance gothico-satanique, la plupart admettent – lorsqu'on en parle avec elles – que les scarifications qu'elles s'infligent sont imputables au mal-être. Certaines disent rechercher la douleur pour circonscrire et rendre visible, sensible et palpable la souffrance intérieure qu'elles ressentent, mais beaucoup considèrent que c'est avant tout un moyen pour elles de se soulager. « Quand ça commence à bouillir en moi, il faut que ça sorte, déclare Estelle, 15 ans. Je prends une lame, je m'assieds en tailleur sur mon lit et je commence à me couper au poignet. Quand le sang coule, je me vide de mes angoisses. Je préfère ça que péter un câble. Au moins je ne fais de mal à personne. » Du soulagement dans la violence retournée contre soi. Les unes veulent se calmer en se punissant ainsi d'être agressives avec leurs proches. Les autres estiment qu'elles se détestent et lorsqu'elles se sentent envahies par la rage ou la haine, elles cherchent un exutoire à portée de main – et leur corps devient alors bourreau et victime. Une majorité d'entre elles disent qu'elles ont besoin de se couper pour « faire baisser la pression », reconnaissant à l'acte une fonction d'apaisement qui prévaut sur son aspect douloureux. La peau est ici l'enveloppe à fendre pour trouver le soulagement, comme une coque trop pleine.

Les jeunes filles se scarifient généralement elles-mêmes, sans l'aide directe d'une autre personne, le plus souvent en cachette. Mais certaines le font devant d'autres ados, selon un pseudo-rituel de passage associant initiation et sacrifice, en guise d'intégration dans un sous-groupe radical qui se réclame, par exemple, d'une pratique satanique. Il arrive même qu'elles se scarifient mutuellement puis qu'elles accolent leurs plaies pour devenir « sœurs de sang ». Dans la forme « classique » des scarifications réalisées en solitaire, les ados insistent sur l'importance de leur propre regard sur la blessure qu'elles s'infligent et sur le sang qui coule, assimilé à la matérialisation d'un saignement intérieur indicible ou aux « mauvaises humeurs » à expurger. L'incision de la peau leur inspire généralement deux métaphores du soulagement : celle de la soupape de sécurité pour éviter d'éclater, de craquer ; celle du déversoir destiné à drainer le mal-être, à réguler le débordement intérieur. Et l'acte équivaut alors à une purge, à une saignée, en même temps qu'il correspond à une « reprise en main » synonyme de maîtrise.

Telle cette jeune fille prise dans une relation de dépendance à sa mère, qui écrit : « J'en peux plus de voir ma gueule, je ne m'aime pas, je ne m'assume pas, j'ai honte de moi, d'être moi, je n'accepte pas ce corps, ni ce que je suis. Je me sens mal dedans, sensation de vide, d'absence... Ce corps, si difficile à comprendre, à apprivoiser... Je jette l'éponge. Hier soir, je me suis acharnée sur cette pauvre main gauche qui n'a rien demandé... Besoin de me calmer... Comme une pulsion frénétique. Je suis grave ! Ce que je m'infligeais il y a quelques mois ne suffit plus pour obtenir la même sensation d'apaisement temporaire. Je passe la troisième... J'aime pas que ça traîne... » S'éprouver dans la sensation pour se sentir exister, substituer la souffrance par la douleur exquise, elle, maîtrisée, palpable, limitée, et donner à voir (y compris à soi-même) un corps meurtri ou « barré ». La même jeune fille précise : « C'est paradoxal, mais une douleur que je ne me suis pas infligée, une douleur que je subis, je ne la supporte pas. »

D'autres adolescentes disent ne pouvoir réprimer le besoin frénétique de se scarifier. Elles avouent craquer ou se lâcher après une journée passée à se contrôler pour ne pas passer à l'acte (sous cette forme ou sous d'autres, comme les TS et les crises de boulimie). Les scarifications figurent alors le débordement, la fissure. Dans l'un ou l'autre cas, le trop-plein rappelle celui que les boulimiques s'infligent puis vidangent au cours de leurs crises. D'ailleurs, l'association scarifications-boulimie est assez fréquente. Et la répétition peut confiner à l'addiction au comportement, comme s'il s'agissait d'une drogue, créant une boucle infernale dont les jeunes filles ne savent pas comment sortir : besoin de le faire, apaisement de courte durée, à nouveau sensation de vide, d'absence, de manque..., résurgence du besoin d'agir.

D'autres encore veulent se punir d'avoir eu des « mauvaises pensées » pouvant consciemment être du registre du parricide, comme Alexandra, 14 ans, qui, après que son père lui a adressé des plaisanteries déplacées à propos de « ses seins qui poussent », est partie s'enfermer dans sa chambre. « Je le haïssais tellement que j'en arrivais à imaginer qu'il allait se tuer sur la route, reconnaît-elle. Je pleurais et j'avais la rage. Mais je me suis sentie coupable de penser à des choses aussi horribles. Alors j'ai pris mon compas et je me suis fait du mal. Il y avait tout là-dedans, la haine de lui et la haine de moi. »

Les adolescentes ne fournissent habituellement aucune explication quant à l'endroit du corps où elles s'infligent ces lésions. Dans les formes typiques, elles affectent la main, le poignet ou l'avant-bras. Et si les formes atypiques (voir encadré) sont encore plus inquiétantes et nécessitent impérativement un avis psy, comment expliquer que le siège des lésions soit, à ce point, invariant ? En premier lieu, on peut penser que l'atteinte porte sur la partie de soi la plus proche et la plus accessible de la main effectrice, parce que ce mouvement lie en boucle l'agi et le subi, figurant le besoin qu'éprouve l'ado de maîtriser les tenants et les aboutissants

Scarifications atypiques : danger !

Les scarifications, abrasions et brûlures sur l'avant-bras, la main ou la jambe, c'est déjà inquiétant et signe d'importantes difficultés identitaires entrant dans le cadre de tensions œdipiennes exacerbées par la puberté (dépendance affective majeure à la mère, relations familiales floues et ambiguës, antécédents de violences sexuelles...). Ces lésions dites « typiques » concernent surtout les filles entre 13 et 16 ans. Point important : elles ne sont pas en elles-mêmes révélatrices de graves troubles de la personnalité ou de l'humeur. En revanche, on devra les considérer comme atypiques lorsqu'elles présentent les caractéristiques suivantes :

– survenue avant la puberté ou après 18 ans ;

– caractère durable et intensité croissante des attaques cutanées ;

– forme d'auto-agression observée chez un garçon ;

– lésions affectant d'autres parties du corps (face, cou, thorax, abdomen, cuisse, organes génitaux) ;

– incisions en lettres bâtons composant des mots morbides (ex. : MORT, *NO FUTURE*) ou des motifs elliptiques ;

– violence extrême des moyens employés allant jusqu'à associer de véritables automutilations ;

– contexte délirant.

L'atypicité doit faire évoquer l'hypothèse de troubles plus profonds, plus structuraux. En dehors de celle liée au genre qui peut traduire une souffrance relevant de l'orientation sexuelle (homosexualité mal vécue ou non assumée), l'atypicité liée à l'âge de survenue, au siège, à l'importance et à la nature des lésions représente autant de critères de gravité pouvant révéler l'existence de béances identitaires majeures appartenant au champ des troubles graves de la personnalité (états limites, psychoses), avec ou sans troubles de l'humeur associés.

de sa souffrance. En second lieu et à l'appui de cette volonté de « garder la main », l'acte s'effectue ainsi sous le contrôle constant de la vue. Au dire des jeunes filles concernées, se voir en train de se blesser puis de saigner contribue grandement au soulagement espéré. En participant *de visu* à ce qu'elle s'inflige, l'ado met en forme manifeste et précise des blessures intérieures qu'elle ressent comme confuses. Les voir signifie en prendre le contrôle ; leur donner forme y contribue aussi et permet de les circonscrire, ce qui est un important facteur de réassurance ; les extérioriser comporte une valeur de révélation, dans tous les sens du terme ; faire couler son sang revient à évacuer hors de soi le « mauvais », c'est-à-dire les angoisses, la dépendance, la honte ou la culpabilité.

En troisième lieu, force est de constater que la lésion intéresse une partie de soi que l'ado peut facilement exhiber ou cacher, sans porter gravement préjudice à son image. Le couplage « agi/subi » s'assortit ainsi du « montré/caché », manifestant là encore la volonté de garder la mainmise sur les expressions de soi et articulant, à son insu, la triade sadisme-masochisme-exhibitionnisme.

Dans tous les cas, la notion de marquage est essentielle, vécue comme un besoin d'inscrire sur soi les souffrances intimes, pour à la fois s'en défaire et les exprimer. Pour l'ado, il s'agit ainsi de transposer son mal-être intérieur – par essence « abstrait », impalpable, insondable, donc dans une certaine mesure figuré – en une incarnation exprimée sur le corps propre et estimée apaisante ou soulageante. L'ado se figure ainsi une représentation concrète, charnelle, habituellement du registre de l'évacuation, de la purge, pour réduire son état de tension intérieure. Et elle le fait sur cette limite de soi qu'est la peau, à la fois personnelle, sensible, montrable et intime, capable de se souvenir des blessures et de les réparer en cicatrisant, susceptible aussi d'interpeller autrui à propos des difficiles échanges entre son monde intérieur et l'extérieur.

Mais, sans le savoir, l'ado qui se scarifie fait bien plus que cela. Elle réalise une transposition qui lui échappe et qui implique un jeu de correspondances d'une extraordinaire précision, comme les figures le font en rhétorique du sens figuré au sens propre. En d'autres termes, les blessures qu'elle s'inflige viennent révéler, voire dénoncer les meurtrissures intérieures qui attaquent son sentiment d'identité. Il apparaît ainsi hautement significatif que les lésions « barrent » le segment du corps naturellement destiné à prendre, à donner et à échanger. La coupure qui saigne ou les éraflures qui évoquent le maillage d'un filet incarnent d'une part une volonté de délivrance et, d'autre part, signent un constat d'impuissance vis-à-vis des liens qui aliènent l'ado à ses objets d'attachement. Il faut en effet le savoir : la dépendance à la mère est souvent présente, s'accompagnant d'intolérables sentiments de passivité et de fantasmes inassumables (être confondue, mélangée, en quelque sorte engloutie par la mère). Inconsciemment, l'ado coupe sa peau pour s'affranchir, se dégager, comme on couperait un cordon ombilical, et la scarification vient « dire » combien cette tentative de dégagement fait saigner... et surtout ne règle rien, obligeant l'intéressée à la reproduire. C'est peut-être d'ailleurs parce qu'il interpelle les liens de sang que le choix électif du poignet (où se distinguent par transparence les veines) est si fréquent.

Quant aux abrasions et brûlures cutanées souvent observées chez les ados ayant subi des violences sexuelles dans l'enfance, elles réalisent de véritables stigmates de l'enfant battu, venant dénoncer en surface combien l'identité reste intimement « brûlée » par ces traumatismes non cicatrisés.

À travers les blessures cutanées typiques, s'incarnent ainsi la révélation et la permanence de difficultés œdipiennes ou de traumatismes restant à vif, en même temps que le besoin de s'en délivrer. Tout le problème est que l'ado n'en a pas conscience.

Il faut se garder de penser que l'ado qui se scarifie ou se brûle « fait n'importe quoi » pour attirer l'attention ou susciter l'effroi. Typiques ou atypiques, ces attaques cutanées réalisent des actes de rupture qui constituent évidemment des conduites d'agir, au même titre que celles qu'elles annoncent ou auxquelles elles sont souvent associées (intoxications médicamenteuses, fugues, ivresses et « défonces », etc.). Nous disons « conduites », et non « comportements » ou « passages à l'acte », car elles témoignent d'une double intentionnalité, consciente et inconsciente. Certes, les scarifications substituent l'acte à la parole, elles sont impulsives et violentes, elles transgressent les limites (en l'occurrence, la peau), elles visent un apaisement immédiat et elles se répètent, enfin, traduisant la brièveté du soulagement obtenu. Mais elles représentent également les éléments d'un langage qui ne parvient pas à se dire avec des mots, un langage de l'indicible.

Comme tout langage, il associe trois fonctions. La fonction d'expression, tout d'abord, consistant à répéter, à reproduire dans l'agir une blessure identitaire, en même temps qu'à réaliser un acte de purge. Purge libératrice, pour évacuer hors de soi un excès d'affects ; purge autopunitive, pour se châtier d'avoir (eu) de mauvaises pensées ; purge jouissive, pour s'éprouver dans la sensation et s'incarner dans une position masochiste d'écorché vif. Mais exprimer, c'est aussi extérioriser le « mal » sur l'enveloppe du corps pour dénoncer le flou ou l'absence de limites et d'identité, pour traduire une effraction psychique, pour matérialiser une interface dedans-dehors, soi-l'autre.

Ensuite, la fonction d'inscription de ce langage agi consiste à faire trace sur la peau, à se marquer au fer rouge, pour s'approprier soi, substituer la cicatrice au souvenir et signer l'acte de maîtrise. C'est aussi révéler un défaut de contenance, interroger les mystères de son être au féminin (sang, béance).

La fonction de communication consiste, enfin, à incarner la brûlure et la violence des liens affectifs qui entravent le sujet. Un mode de communication qui permet de se couper de représentations intolérables, de couper court au dialogue avec l'autre, mais de faire de l'enveloppe de soi une interface d'échange destinée à interpeller l'autre au sujet de sa souffrance. Une forme de communication qui vise à attendre secrètement une reconnaissance de ses blessures intérieures et une prise en considération de ses plaies, à espérer une contenance, le rétablissement des limites.

La plupart des adolescentes concernées ne pouvant mettre en mots cette souffrance, les adresser directement vers un psychothérapeute est rarement la solution idéale. Il faut les préparer à s'engager dans un travail psychique, et pour cela leur proposer des actes de soins dont elles peuvent progressivement saisir les valeurs symboliques dans les modalités concrètes de leur prise en charge.

Soigner la peau... soigner la tête

Il arrive un moment où l'ado en détresse et ses parents constatent qu'ils sont pris dans un engrenage infernal. L'ado se scarifie de plus en plus souvent ; il éclate pour un rien et multiplie les crises de violence à la maison. Les parents s'énervent, voient que tout dialogue est impossible ; tous se déchirent en s'accusant mutuellement d'être responsables de cet enfer. L'ado écorché vif s'en veut de ne pas pouvoir se contenir. Mais tout l'insupporte. Il se rend alors compte qu'une mise à distance est indispensable... tandis que ses parents espèrent aussi être soulagés. C'est dans ces conditions qu'une hospitalisation peut être envisagée. En voici une illustration à travers l'expérience de notre équipe pluridisciplinaire qui, depuis quinze ans, aménage de brefs séjours hospitaliers pour les ados suicidaires au sein d'une unité spécialisée, le centre Abadie, à Bordeaux. L'objectif n'est pas de les enfermer, encore moins de les empêcher par tous les moyens de se faire du mal. Il est question de leur offrir un cadre réel souple et tolérable, mais chargé de supports symboliques, afin de créer une mobilisation, une dynamique. Un cadre où l'on peut évoluer dans tous les sens du terme, où les soins de la peau et du corps peuvent aussi apaiser, panser les plaies psychiques, et faire participer l'ado à leur cicatrisation.

En l'occurrence, ce que propose notre équipe, c'est un service hospitalier à l'intérieur duquel on ne distingue pas d'un côté les aspects hôteliers et, de l'autre, les outils « nobles » du soin. Il s'agit au contraire d'articuler les espaces et les temps pour fournir des métaphores véhiculant les principes clés de contenance (non de détention ou de rétention), de protection et de différenciation (distinctions entre dedans/dehors, interne/externe, intime/collectif, individuel/groupal). L'expérience aidant, l'ensemble de l'équipe a peu à peu défini les divers composants de ce cadre en cherchant à les mettre en cohérence pour qu'ils produisent des figurations susceptibles d'être acceptées puis saisies par les ados en souffrance.

L'architecture du service distingue ainsi nettement les espaces publics et privés. Le couloir, le réfectoire, la buanderie, la salle de repos-bibliothèque, le balcon sécurisé sont des espaces publics de libre circulation. Au contraire, les espaces dédiés aux échanges soignants-soignés spécifiques, c'est-à-dire la salle réservée aux soins physiques et les pièces où se déroulent les entretiens, ont une situation d'entre-deux et sont préservés du bruit et du regard. Ces zones de rétablissement des limites – corporelles et psychiques – sont en quelque sorte « coupées » du monde des excitations et des connivences. Elles sont aussi spécialisées. Sauf impossibilité due à l'état de l'ado, les soins corporels ne sont jamais effectués dans les chambres. Ils relèvent de la « salle de soins », sont individuels et se déroulent hors de la présence d'observateurs. De même, aucun entretien psy n'a lieu dans les chambres, considérées comme des espaces privés de repos. La plupart de celles-ci sont individuelles et dotées de portes pleines dépourvues de « regard ». Il y a cependant une chambre médicalisée (lorsque l'état physique d'un ado le nécessite) et deux chambres doubles (pour les jeunes patients ne pouvant pas supporter de rester seuls, au moins au début du séjour). Les soignants n'entrent jamais dans les chambres sans avoir frappé à la porte.

Aucun séjour ne peut avoir lieu sans le consentement de l'ado. Chaque jeune patient visite d'abord le service en compagnie d'un soignant qui lui en explique le fonctionnement. Il prend ensuite connaissance avec lui du règlement intérieur dont il doit lire et commenter les divers points spécifiés dans un livret d'accueil. L'ado peut alors demander au soignant des précisions supplémentaires, moment évidemment très révélateur de la manière dont il se représente les limites. Le séjour peut officiellement débuter lorsque l'ado déclare accepter de se conformer à ce règlement écrit qui débute par cette phrase : « Ici, chacun s'engage à se respecter lui-même et à respecter les autres. » La « ritualisation » protocolaire de l'accueil comporte une autre obligation non suspensive : celle de souscrire aux 48 heures d'isolement inaugural [1], figuration de la coupure à travers laquelle l'institution reprend la main (tant auprès de l'ado que de son entourage). Dans cet intervalle, les

1. Pas de téléphone, pas de visites, pas de sorties.

parents sont reçus par l'une des assistantes sociales du service, pour qu'ils puissent déposer leur propre souffrance, témoigner des difficultés rencontrées et être reconnus comme des interlocuteurs à part entière. Parents qui bénéficieront ensuite d'entretiens familiaux en présence de l'adolescent et du psy référent.

Au cours de son séjour, chaque ado doit s'impliquer dans les actes de la vie quotidienne (rangement de sa chambre, gestion de son linge en utilisant la laverie interne au service). Il doit aussi mettre son prénom sur un tableau pour participer à un « tour d'entretien » (autodésignation de deux responsables journaliers de l'état du réfectoire et des parties communes). Mettre de l'ordre dans ses affaires, se gérer, laver son linge soi-même (et non plus en famille), prendre part au ménage sont ainsi des expressions permettant à chacun de naviguer du sens propre au sens figuré.

Les ados savent d'emblée que la durée d'hospitalisation n'excédera pas trois ou quatre semaines. Il est en effet important de leur proposer un temps tolérable, représentable, et de figurer une transition, un passage, en évitant l'enlisement dans la répétition qui ferait perdre leur valeur aux figurations proposées. En revanche, chaque ado peut avoir la possibilité d'effectuer plusieurs séjours entrecoupés d'intervalles libres, afin qu'il puisse apprécier lui-même ses possibilités d'engagement thérapeutique ambulatoire et voir s'il parvient à faire face aux exigences de la réalité.

Les journées sont rythmées par un programme d'activités qui comprend des rencontres formelles obligatoires (entretiens individuels, groupes de parole), des ateliers d'expression facultatifs... et des plages de temps libre. L'« expression » fait évidemment appel à divers types de médiation (expression corporelle, « boxe éducative », atelier d'écriture, contes et légendes, etc.), de même que la « projection » (punching-ball, mur d'expression libre, arts plastiques). Là encore, les trois registres du langage (expression, inscription, communication) sont déclinés aux sens propre et figuré. L'ensemble contribue à définir un cadre dense, mobilisateur, assorti de « prises d'air », propre à constituer un espace de soins intensifs pouvant figurer la « réanimation psychique ». Les entretiens (avec un soignant ou un psy) ont également une durée « calibrée » en fonction de leur nature (20, 30 et 45 minutes), afin d'amener l'ado à se contenir et à ne plus se déverser sans limites, ce qui le prépare à pouvoir supporter les séances de psychothérapie qui lui seront ultérieurement proposées. Chaque patient est pris en charge par les soignants et par un psychiatre et un psychologue référents qui reverront l'adolescent après sa sortie, parallèlement au suivi ambulatoire assuré par un correspondant de ville ou, à défaut, par le département de consultations externes du centre Abadie.

Pour que les ados investissent ce cadre de soins, nous misons sur une intégration transitoire de chacun dans un corps groupal de « semblables » d'une taille tolérable (l'unité dispose de 15 lits). Tous ont en effet en commun de développer des conduites auto-agressives (TS, scarifications). La constitution de ce « corps » est une particularité du centre Abadie, puisque nous disposons d'une autre unité d'hospitalisation (dotée de 12 lits, d'une équipe distincte et d'un programme thérapeutique spécifique) pour la prise en charge des ados ayant des troubles graves des conduites alimentaires[1]. Concernant les jeunes suicidaires, notre objectif est de déterminer une nouvelle figuration corporelle – en l'occurrence groupale – au sein de laquelle peuvent se révéler le similaire et le différent. L'originalité du cadre thérapeutique que nous proposons réside dans sa conception d'entre-deux institutionnel où peut se révéler la restauration des limites à différents niveaux.

La constitution du groupe de patients est certes faite à partir de ce qu'ils ont mis en acte. Mais elle prend également en compte la réalité adolescente puisqu'il faut être pubère pour intégrer l'unité. Nous observons que si les ados se reconnaissent autour de traits communs, contrairement à ce que d'aucuns pourraient imaginer, ceux-ci ne semblent pas être posés autour de l'acte mais, intuitivement, autour de ce qui les y a conduits. « Tu as été violée, toi aussi ? » peut demander une jeune fille hospitalisée à une autre qui vient d'arriver. Violence apparente de l'accueil qui fonctionne en fait comme une reconnaissance, chacun pouvant se reconnaître dans l'autre, sans honte et sans jugement, les pairs jouant un rôle de révélateurs du mal-être profond. Dans l'unité, les jeunes suicidants ne cherchent pas à se distinguer des jeunes gens admis en prévention[2]. Il n'est pas nécessaire de « se suicider » ou de « se faire du mal » pour être reconnu par les pairs et les soignants comme un ado en souffrance. Il y a peu de phénomènes de « contagion » et, lorsqu'un patient passe à l'acte au cours de son

1. La durée moyenne de séjour est, dans cette unité, de 4 mois.

2. Dans 20 % des cas, le séjour ne fait pas immédiatement suite à une tentative de suicide.

séjour, le groupe lui-même exprime souvent de manière collective l'émotion et l'angoisse que suscite cet événement. L'expérience montre en effet que l'ensemble des patients reste notablement en deçà de l'identification par le comportement suicidaire, ce qui témoigne de la dimension anticritique et contenante de l'espace de soins et du va-et-vient constant qui s'y produit entre individualité et corps groupal. Il n'est pas rare d'ailleurs que la crise du groupe se substitue à la crise du sujet et, par là même, participe à sa dissolution, par déplacement. Ainsi, par exemple, lorsque Sabrina se scarifie dans sa chambre, le groupe en tant que tel exprime son angoisse, sa compassion, sa solidarité, sa culpabilité, son agressivité, son impuissance... Autant de réactions qui font résonner la détresse de Sabrina, mais surtout la contiennent dans l'enveloppe vivante du groupe qui se déforme et s'adapte sans se déchirer au gré des circonstances.

En situation individuelle et en groupe, les différentes rencontres qui se jouent à l'intérieur du cadre conduisent à des figurations de corps (corps groupal, corps institutionnel) pouvant faire écho aux mouvements que les adolescents incarnent à travers leur corps agissant, dynamique que nous supposons activatrice d'un début d'élaboration psychique pouvant être le prélude à un engagement psychothérapique ultérieur.

Les ados qui vont mal butent sur la mise en mots de leur souffrance. Ils craignent d'exposer leurs écorchures ou leurs déchirures intérieures, pensent même les aggraver en les nommant, ou bien ne parviennent pas à les mettre en lumière. Ils sont sur le fil du rasoir et ne savent pas comment s'en sortir, tentant – tels des apprentis funambules – de trouver un semblant d'équilibre. Certains même ne voient pas en quoi parler à un psy de leurs problèmes pourrait les aider à les résoudre. Devoir aller parler à quelqu'un équivaut à « se livrer », donc à se soumettre, soumission que le processus pubertaire rend particulièrement menaçante et qui résonne comme une possible dépendance. Et les conduites d'agir paraissent offrir plusieurs avantages :

– elles sont rapides et simples à mettre à exécution, l'impulsion qui les déclenche pouvant d'ailleurs servir de justificatif ;

– elles donnent l'illusion d'une réappropriation du corps et satisfont à un besoin de maîtrise puisqu'elles réalisent littéralement une « reprise en main » sur le mal-être vécu comme subi, transformant la passivité en activité, tout en donnant le sentiment à leurs auteurs d'être moins exposantes que les mots suspectés de livrer l'intime à leur insu ;

– elles soulagent immédiatement l'excès de tension intérieure, en l'effaçant (coma), en l'escamotant (fugue) ou en la purgeant (scarifications), même si l'apaisement est fugace et demande à être reproduit ;

– les différentes formes de rupture qu'elles incarnent ont pour effet de faire cesser la souffrance en se coupant de la pensée et de ses représentations psychiques inassumables ;

– elles provoquent chez les proches des réactions sur lesquelles se fonde l'attente de changements relationnels significatifs.

Pour autant, les ados ne se délivrent aucunement de leurs angoisses et de leurs difficultés. Ils répètent ces actes et certains finissent même par en devenir esclaves. Comment les aider ? En prenant en considération ce que l'on pourrait appeler les « racines du mal », c'est-à-dire tout ce qui ne permet pas, voire menace, la différenciation, la délimitation et la conflictualisation. Tout aménagement qui, en famille et à l'école, tend à respecter ces trois principes est préventif et curatif. Et lorsque de telles dispositions se révèlent insuffisantes, la prise en charge psy ou le séjour dans un service spécialisé doit pouvoir être envisagé.

Conclusion

A-t-on fait le tour de l'adolescence ? Bien sûr que non ! Nous avons laissé de côté le développement pubertaire et ses différentes étapes physiques et psychiques, ou encore l'approche des problèmes de croissance et des maladies qui s'y rapportent. Nous n'avons qu'effleuré les problèmes scolaires, pourtant grand sujet d'inquiétude parentale, et à peine abordé ce qui touche aux dangers de la sexualité et aux questions de citoyenneté. Pourquoi avoir fait de telles « impasses », comme on le dit en langage scolaire ? Parce que nous avons voulu faire le tour de l'adolescent lui-même, décrire et comprendre ce qui l'intéresse et le préoccupe, lui. Tenter, à distance respectable, de mieux savoir ce qu'il a dans la peau, c'est-à-dire ce qu'il exprime à travers son aspect, son allure, son apparence, ses « mises en formes » et ses soulignements, ses ellipses et ses outrances à lire entre les lignes, ses atours et ses contours de plus en plus distincts des nôtres. Images de surface qui nous posent à nous – ses parents ou les adultes qui l'ont en charge – tant de problèmes. Surtout lorsqu'elles s'accompagnent d'incrustations et d'expositions dont nous connaissons mieux que lui les risques. Affichages plus ou moins interdits qui s'imposent comme autant d'interfaces destinées à tracer des limites définissant l'enfant qu'il n'est plus. Manœuvres et esquisses qui nous dérangent aussi, car nous savons bien que l'ado y exprime son for intérieur, ses aspirations nouvelles, sa propre personnalité..., en somme, des bouleversements en profondeur qui nous échappent. Comment ne pas avoir l'impression d'une « déconstruction » de ce que nous avons patiemment mis en place pour l'éduquer, face au « sauvage » qu'il semble être devenu ? Où retrouver dans ce saisissant portrait les marques et les traits des valeurs sur lesquelles nous avons fondé jusque-là nos efforts éducatifs ? Là où l'ado tente de maîtriser son image et de s'essayer à diverses figures de style, nous ne voyons souvent que reniement, provocation, contestation, mise au rebut de nos principes. Et ceux d'entre nous qui se braquent, rigidifiant exagérément leur position, risquent la rupture de dialogue et l'escalade des provocations. Quant à ceux qui cherchent à se mettre dans la peau de l'ado en le singeant dans son look, ses attitudes et ses pratiques..., ils en sont pour leurs frais, lorsqu'ils le voient s'écarter davantage, trancher dans ce « pseudo-même » pour établir sa différence.

Nous sommes évidemment conscients que dans une société du sujet et de l'image, l'ado doit se chercher à travers le jeu des apparences et des faux-semblants... pour finir par se trouver et pouvoir alors renoncer à ses fantaisies les plus hétérodoxes. Et nous avons hâte de connaître ce temps où, devenu jeune adulte, l'ado pourra rire avec nous à l'évocation de ses extravagances passées. Mais en attendant, comment s'assurer qu'il en sortira et pouvoir lui faire confiance ? Lui s'emploie à se distinguer de nous, et nous avons du mal à apprécier, tolérer, supporter, comprendre ses écarts, tandis que le doute nous submerge quant à notre capacité à « faire tenir » un cadre digne d'un véritable espace d'évolution. D'autant qu'il n'est pas rare que le cadre familial lui-même vacille, se transforme, se désunisse, se recompose. Quoi qu'il en soit, une chose est sûre : en famille ou à l'école, nous nous sentons bien seuls pour gérer l'ado. Nous sommes les garants d'espaces « bornés », ce qui signifie dotés de repères et de limites, alors que l'ado y voit souvent de l'intransigeance et de l'incompréhension. La désolidarisation du corps social ne nous aide pas et la modernité ouvre un immense champ libre – un océan de possibilités – sur lequel l'ado veut surfer et naviguer : Internet, à la maison... et, dehors, la rue, la nuit, le look, la fête pour rejoindre ses pairs et embarquer fièrement à bord du *Planète ado*, un navire hétéroclite que nous situons entre le radeau et le boat-people.

Certes vulnérables, les ados se veulent plus actifs, plus autodéterminés que leurs aînés, pour effectuer la traversée de l'adolescence. Leur peau les trahit en exposant rougeurs ou boutons ? Ils s'acharnent à la dompter, quitte à la tanner. On ne cesse, nous les adultes, d'être « sur eux » ? Ils se montrent irritables, épidermiques et se tiennent à distance de la capitainerie parentale. On aimerait qu'ils aient l'air fréquentables ? Ils s'affublent de nippes et cultivent les looks provocants. Farouches et solitaires en notre présence, ils se lâchent entre semblables... entre gens de mer ayant le même goût du large. Françoise Dolto[1] avait génialement

1. Françoise Dolto et Catherine Dolto-Tolitch, *Paroles pour adolescents ou Le Complexe du homard*, Paris, Hatier, 1989.

comparé l'ado au homard lorsque, pendant sa mue, le crustacé se retrouve sans carapace et doit en sécréter une nouvelle. Mais aujourd'hui, l'image qui définirait le mieux l'ado serait plutôt celle du loup de mer. Le marin, bien sûr... Car leurs postures et leurs accoutrements ne sont pas seulement rebelles et désinvoltes. Les ados ont aussi le goût du risque et de l'aventure. À quai, ils se reconnaissent entre eux à leur démarche chaloupée, leur résistance au rhum, leur pratique du tabac et des plantes exotiques, et – comme tout pirate qui se respecte – aiment à comparer leurs piercings, leurs tatouages et leurs cicatrices. Parfois même, ils arborent sur les bras des estafilades qui parlent de mystérieuses luttes que nous ne comprenons pas. Et lorsqu'ils sortent en mer, c'est souvent pour naviguer au plus près des écueils, glisser le long des passes et ressentir les frissons du danger, bref risquer leur peau... pour se sentir moins dépendants de nous, leur port d'attache.

Hélas, on ne le sait que trop, tous ne rentreront pas, les plus téméraires ou les plus désespérés sombrant corps et biens au cours de ces expéditions aventureuses.

Pour tenter d'éviter le pire, il est d'abord nécessaire de comprendre cet appel du large. Nous ne pouvons ni les convaincre de rester à terre, ni les attendre à quai en misant sur leur bonne étoile. Nous devons au contraire chercher à apprécier leurs aptitudes à la navigation et mettre en place les indispensables phares et balises sans lesquels celle-ci serait inconsidérément dangereuse. Et lorsque tout indique que l'apprenti marin risque à coup sûr l'échouage ou le naufrage, intervenir à temps, quitte à nous faire aider, pour déterminer un plan de sauvetage.

Puisse ce livre contribuer à convaincre adultes et ados de la nécessité d'échanges autour d'une « carte de l'adolescence », révisable, évolutive, en fonction de l'âge et de l'expérience, pour en définir les chenaux et les gués.

Quelques livres utiles

Alvin P., *Anorexies et Boulimies à l'adolescence*, Doin, coll. « Conduites », 2001.

Anzieu D., *Le Moi-peau*, Dunod, 1985.

Baudry P., *Le Corps extrême*, L'Harmattan, 1991.

Birraux A., *Le Corps adolescent*, Bayard, 2004.

Bournot M.-C. et coll., *Baromètre santé 2000, Les comportements des 12-25 ans*, éd. INPES, 2004.

Choquet M. et Ledoux S., *Adolescents, Enquête nationale*, éd. Inserm, 1994.

De Tonnac J.-P., *Anorexia, Enquête sur l'expérience de la faim*, Albin Michel, 2005.

Dolto F., *L'Image inconsciente du corps*, Le Seuil, 1984.

Falgayrettes-Leveau C., *Signes du corps*, catalogue du musée Dapper, 2005.

Flament M. et Jeammet P., *La Boulimie, Comprendre et traiter*, Masson, coll. « Médecine et Psychothérapie », 2002.

Huerre P. et Marty F., *Cannabis et Adolescence, Les liaisons dangereuses*, Albin Michel, 2004.

Kestemberg É., *L'Adolescence à vif*, PUF, coll. « Le fil rouge », 1999.

Le Breton D., *Signes d'identité, Tatouages, piercings et autres marques corporelles*, Métailié, 2002.
Le Breton D., *La Peau et la Trace, Sur les blessures de soi*, Métailié, 2003.

Remerciements

L'auteur tient à saluer ses collègues et amis Patrick Baudry, Marie Choquet et David Le Breton avec qui il échange souvent et dont les apports l'ont toujours nourri. Il sait également gré à ses collaborateurs du centre Abadie de le supporter au quotidien, dans tous les sens du terme.

Table

Du même auteur

Chez Albin Michel

En ce moment, mon ado m'inquiète,
À tort ou à raison ?,
(avec L. Delpierre), 2004.

Dictionnaire de la folie,
Les mille et un mots de la déraison, 1995.

Chez d'autres éditeurs

L'Adolescent suicidaire,
Dunod, 3e édition, 2005.

Souffrances et Violences à l'adolescence,
Qu'en penser ? Que faire ?,
(avec P. Baudry, C. Blaya, M. Choquet et E. Debarbieux),
ESF, 2000.

Un coquelicot en enfer, J.-C. Lattès, 1998.

Quand l'adolescent va mal,
L'écouter, le comprendre, l'aimer,
J.-C. Lattès, 1997,
réédition J'ai lu n° 7147.

Composition IGS-CP
Reproduction et impression CPI Firmin **Didot,** *mars 2010*
Éditions Albin Michel
22, rue Huyghens, 75014 Paris
www.albin-michel.fr

ISBN : 978-2-226-16900-6
N° d'édition : 16812/06 – N° d'impression : 99361
Dépôt légal : mai 2006
Imprimé en France